「い」

数年前の初春、大重さんが院長をされている整体院に義兄から施術の予約が入った。急なので面食らった。喋らない仲ではないし、とてもいい人なのだが、二人だけで会ったことはこれまでない。ここ二年ほどは親戚の集まりにも来ていなかった。

それに義兄は近所近辺の人ではない。わざわざ遠路はるばる来るということは、施術が目的ではなく、きっとなにか訳あってのことに違いない。

電話でも様子が少し変だった気がする。わりと深刻な話をしに来るのかも……と、大重さんは妙に緊張してしまった。


来院してすぐに義兄の体調が優れないことがわかった。顔色が悪いどころではなかったからだ。

額に脂汗《あぶらあせ》も浮いている。眼球の色は黄ばみ、唇も乾いて白い。そのほかにも、いろいろ気になる身体異常がある。

聞けばここ二週間ほど、背中に異常な痛みがあり、今この瞬間も痛みでつらいらしい。ずっと握りこぶしを押しつけられているような痛みで、深刻な病ではないかと内科にかかったが異常は見つけられず、整形外科へも行ったがそちらも異常なしとの診断が出され、どうにもならないのだという。

「とにかくやってみましょう」と施術をはじめた。

風呂に入っていないのか、体臭がきつい。首の後ろには爪で掻き出した垢《あか》が、ちりめんじゃこをまぶしたみたいにこびりついていた。十分ぐらい押しながら背中の問題を探してみたが、どうも義兄の反応が薄い。そこが効くとか、どこが痛いとか、患部へ導いてくれると助かるのだが、このへんですかと聞いてもどこか上の空で、少し不安になってきた。

というのも、義兄には他に心配なことがあったのだ。

大重さんの姉、つまり義兄の妻が四年前に亡くなり、それから義兄が鬱《うつ》気味だと聞いていた。経営している飲食店も閉めてしまったと。

ここ最近は回復しつつあると聞いていたのだが……。

それとなく最近の生活について尋ねてみた。

すると、笑いながら「見ちゃってさ」という。

「……なにをですか？」

「見たんだよね、おれ」


妻を亡くしてから、ひと月ほど経ったころ。閉店時間になって店の暖簾《のれん》をしまっていると、急に強烈な眠気に襲われたという。

今までにない異常な感じがあったので、脳の病気ではないかと心配になった。片付けの手を止め、頭に冷却ジェルシートを貼ると椅子を並べてそこに横になった。

しばらく目を閉じていたら、
がち、がち。

顔のすぐそばで音が聞こえた。

えっ、と目を開ける。

目の前に、つぶつぶとしたものが並んでいる。

「い」

「歯なんだよ、それ」

寝ている自分の顔の真上で、だれかが口を「い」の形にし、歯を見せていた。

慌てて起き上がる。そこに人がいれば相手の顔と頭がぶつかったはずだが、なにともぶつかることはなく、厨房だけ電気のついた薄暗い店内に義兄は一人だった。

口の中に違和感があり、洗面所にいって鏡を見た。

前歯が二本なかった。


「ほら」と、施術台にうつ伏せの義兄は首だけ曲げて大重さんに向くと、

「いいいいい」

と歯を見せてきた。

歯のないところから赤い舌を出し入れする様が薄気味悪かったという。

オキテ

おきて、ねえ、おきてよ。

四歳の息子が身体を揺すってくる。

「わかった、わかった」と返すと、息子はいつものように久茂さんを跨《また》いでカーテンを開けに行く。シャッと、カーテンを開ける音がする。

ずいぶん暗いなと頭を起こし、置時計のデジタル数字に目をこらすとまだ四時前である。

勘弁しろよと窓際にいる息子に向くが、暗くて息子が見えない。

当然だろう。カーテンを開けても朝日など入ってこないのだから。

「どうした？　こんなに早く」

「パパを起こして来いって」

息子の声が答える。

「だれが？」

「ママが」

「ママは死んじゃっただろ？」

「うん」

「夢を見たんだな」

「ううん」と否定する。ママはいるという。

じゃあ、どこにいるんだと聞きかけて、やめた。

息子がカーテンを開けた意味を考えたからだ。

「それは本当にママだったか？」

「わかんない」

息子の言葉にゾッとした。窓の向こうを見ることができない。

さむい、と息子が言うので、こっちへ来なさいと布団を開いた。

息子が布団の中にすべりこんでくる。

絡んでくる足が異様に冷たかったという。

ハナっちゃんで笑う

新川さんの親類筋に舌を噛んで亡くなった方がいる。

「僕が生まれて、すぐくらいです。父方のほうの人ですけど、父も数えるほどしか会ったことがないって言ってました」

親や親戚たちはその人を「ハナっちゃん」と呼んでいた。

法事などで親戚の集まりがあると、よくハナっちゃんの話題で盛り上がっているので存在は知っていたが、写真を見たことがないので顔は知らず、本名も知らない。しばらく女性だと思っていたくらいだ。

親戚たちの会話から見えてくる人物像は、ものを言わず、いつも下を向いていて、人の話を聞いているのかいないのか、ずっと頷いている。たまに喋ると、その喋り方に特徴があるのでみんなが笑ってしまい、また喋らなくなる。

ひと付き合いのできない人であったらしい。普段は年老いた父親と二人で田舎の古民家に引きこもって、親戚との繋がりもほぼなかったそうだ。

生前は話題にのぼることなどなかったが、死後はその死のインパクトの強さからか、ハナっちゃんは親戚たちの間の語り草となっていた。

「ハナっちゃんはバカな死に方をしたものよな」

だれかがそう話し出せば、あっという間に笑いが広がって盛り上がる。その横で新川さんは、これって笑ってもいい話なのかと首をかしげていたが、笑って話しているのは爺さん婆さんたちである。彼らにとって死は身近なものだから、この手の話を不謹慎とも感じず、笑えてしまうものなのかもしれないなと思った。

ハナっちゃんの話は必ず場が盛り上がるので、爺さん婆さんたちはすぐにこの話題にもっていこうとする。親戚が集うたびにハナっちゃんの名を耳にしていたので、新川さんは会ったこともない人だったが、少しずつ関心を抱きはじめた。もっとも興味をひかれていたのは、やはり死の理由だ。

なぜ舌を噛むという変わった死に方をしたのか。

どうやら自死ではないらしい。転ぶとか転落したとか、その拍子に舌を噛んでしまって……出血多量？　ショック死？　それとも、その怪我にばい菌が入って、舌が炎症でも起こしたのか。昔ならそんなことでも死んでしまうかもしれない。でも、そんな話をこうして笑えるものだろうか。

あるいはもっと違う死の理由なのか。親戚たちに死に様を笑い話にされるような理由があるのか。横で聞いているかぎりでは、笑いの要素は見つからない。

思い切って、笑っている親戚たちに聞いてみようとも考えた。

笑い話にするくらいなので不謹慎だと叱られることもあるまい。ただ、ハナっちゃんの話題で盛り上がっているのは長老たちだ。その中に若い自分が割って入って訊ねるというのも、どうも気が引ける。なにしろ、ハナっちゃんは自分とはかすりもしない人物である。

人の死を嘲笑《あざわら》う親戚たちを不快に感じていたというのもあった。こいつらの仲間にはなりたくないという気持ちがどこかにあったのかもしれない。ハナっちゃんの死について、訊ねることはなかった。

ある年の法事。

いつも通り、親戚たちはハナっちゃんの話で盛り上がった。

この日は長老たちではなく、初老の叔父がその話題で場を沸かせていた。珍しいことではなく、長老たちに次いでハナっちゃんの話で大笑いするのは、いつもこの叔父だった。

まるで長老たちから衣鉢《いはつ》を継いだかのように座の中心となって、ハナっちゃんの死を笑った。酒も入って饒舌《じょうぜつ》になり、まるで演説みたいな状態になっていたが、やがてその饒舌な喋りがとろけだした。喋り方が変になる。

すると、

「よっ」

「待ってました！」

歌舞伎の大向こうのような声が飛び交う。

叔父は、ハナっちゃんの特徴ある喋りを真似しているのだ。

「そうそう、そっくり！」

笑いが巻き起こる中、叔父はご機嫌な顔のままコロンと後ろに転がった。

みんなが笑う。叔父は転がったままロレロレと口真似を続けていた。

数日後、その叔父が脳梗塞《のうこうそく》で入院したことを知った。
叔父が親戚たちに披露していたのは、ハナっちゃんの口真似ではなかったのだ。

右側だけ

数年前に岡林さんは奇妙な人物を見かけた。

夜中、コンビニに向かっていると、途中にある中古車ショップの前を、前のめりの歩き方で行ったり来たりしている二十代から三十代前半の背の高い男性がいる。

縞《しま》柄の半そでシャツ。黒のスキニージーンズ。ユニクロのモデルみたいだなと思いながらその横を通った。

すると、後ろから何かを話しかけられた——ような気がした。

ただ、声が小さくてまったく聞き取れなかった。自分に話しかけたわけではないかもしれない。酔っ払いでも嫌なので、無視してそのまま行った。

買い物を終え、もしまだ男性がいたら面倒だと考え、コンビニの前で一服した。スマホをいじりながら十分ほど時間をつぶしてから行くと、中古車ショップの前で男性はまだろうろしていた。

スマホでも落としたのか。

本当に困って声をかけてきたのかもしれない。

また声をかけられたら、さっきは聞こえなかったということにして、今度はちゃんと対応しようと男性の横を通る。

今度は話しかけてこない。さっきは勘違いだったかとそのまま通り過ぎるが、どうも気になる。こんな場所でこんな時間に一人で何を？　まさか、中古車ショップに窃盗にでも入る気だろうか。男性に振りかえる。

――あれ？

岡林さんは立ち止まる。

横顔が飯尾に似ていた。

専門学校時代の友人である。

飯尾は海外への貧乏旅行が趣味で、学生時代によくインドへ行っていた。だからなのか、顔がどんどんインド人ぽくなって、最後はインド人そのものだった。四年前に交通事故で死んでしまったので、そこにいるのはもちろん飯尾であるはずがないのだが……

ただ、横顔や全体の雰囲気が、驚くほど彼にそっくりなのだ。

視線に気づいたのか、男性は岡林さんに顔を向けた。

似すぎている。

頬骨《ほおぼね》の出方、目の大きさ、眉《まゆ》の太さ、面長で日本人離れした彫りの深い顔。

学生時代の飯尾の顔そのものだ。

だが、似ているのは顔の右側半分だけであった。左半分は眠たそうなタレ目で、眉は薄く、パーツが顔の真ん中に寄っている。まったく違う顔である。

まったく違うタイプを無理に半分ずつ繋ぎ合わせたようなアンバランスな顔だ。

岡林さんはその場から、ゆっくりと去った。

動揺を隠そうとゆっくり歩いてそこから去り、途中から走って帰った。

家に帰ってから、男性のちぐはぐな顔を何度も思い出した。

眠ろうとしても、瞼《まぶた》の中に顔が浮かんで眠れない。

時間が経てば経つほど、あの顔の半分は本当に飯尾だったような気がしてならなかった。

飯尾は――彼はインドではない他の国の山で滑落《かつらく》し、顔の半分を失って帰った。

失ったのが右と左のどちらだったか、岡林さんは思い出せない。

弟たち

戦後、間もないころの話である。

親からお使いを頼まれた昭仁さんは、三人の弟を連れて親戚の家へと向かった。まだ空は明るかった。

家のまわりに舗装された道はなく、基本、どこもでこぼこしている。リヤカーの車輪がはまらないようにするためか、あちこちにトタンが敷かれており、その上を歩くとぼこん、ぼこんと音がした。

たまに近所の子供がその上で飛び跳ねているのを見つけ、大人が激しく叱っていた。重みで凹《へこ》むからトタンを避けて歩けと、昭仁さんも普段から親に口酸っぱく言われていたが、音がするのがどうしても面白くて、無駄に足踏みしたり跳ねたりしていた。

この時はだれが言い出したか、『トタンの上だけを歩かなければならない』というルールができた。
「トタンからはずれたヤツは負けだ」
昭仁さんを先頭に一列で行進する。
ぼこん、ぼこんと音が連なる。
昭仁さんがトタンからトタンへジャンプすると、弟たちもそれに続いた。
途中から、なにかへんだなと思った。
さっきよりも音がうるさく感じる。
弟たちがなにかをしているのか。行進を止めて振り返る。
「おまえたち」そう言いかけて、言葉を失う。
一人、多い。
昭仁さんの後ろに四人いる。
目で数えなおす。やはり多い。
トタンを踏む音が増えて、うるさいと感じたのだ。
だが不思議なことに、だれが弟ではないのかがわからない。
そこには余計な顔もなければ同じ顔もない。

みんな弟のはずなのだが、それでは数がおかしい。
言えばきっと怖がるので、弟たちには言わなかった。
親戚の家へ着く前に、トタンの音の数は元に戻り、弟も三人に戻っていた。

日の丸の旗

これも昭仁さんの体験した、戦後間もないころの話である。

学生時代、泊まりに行った親戚の家で叔母に叱られたことがあった。

理由は忘れてしまったそうだが、よほど叔母の怒りを買ったようで、陽が暮れ、夜が迫ろうという刻限、明かりも持たされず「一人で帰れ」と叩き出されたのである。

ムリだと思った。

山を越えねばならないが、普通に歩いて半日以上かかる道のりであるし、それでは帰り着くのは真夜中だ。もちろんそれは無事に帰り着ければの話である。草深いので道がわかりづらく、野犬の糞もたくさん落ちている。

さすがに叔母も預かった子を外に放り出してそのままということはないだろう。そのうち、ちゃんと迎えにやって来てくれるはずだ。

ならば、へたに進まずに待っていた方がいい。

昭仁さんは道端に座って、叔母が追いかけて来てくれるのを待った。

すると、叔母の家とは反対方面の道から、なにやら大きなものがこちらに向かってくる。


大きく見えたものは広げられた旗だった。

日の丸の旗を肩に担いだ大人の男である。

見たことがないほど大きく立派な旗であったが、純粋な日の丸ではなく、白地の箇所に血でもなすりつけたような跡がいくつもある。

まだ距離はあったが、男の放つ強い気迫のようなものをぴりぴりと感じる。

その恐ろしさに耐えられず、傍らの藪《やぶ》に飛び込んで身を隠した。

汚れた日章旗を掲げた男は、小さな歩みでゆっくりと向かってくる。

目の前を通る時、その顔を見て声をあげそうになった。

その人は叔父――自分を叱って外に放り出した叔母の旦那とそっくりなのだ。

いや、本人だ。

数えるほどしか会ったことはないが、弟たちも大変世話になったのでその顔はよく覚えていた。

だが、すでに亡くなっているはずである。

亡くなっている叔父が、歩いているのだ。

息を止めて、通り過ぎるのをじっと待った。道の向こうに見えなくなるまで、昭仁さんの両手と膝は震えが止まらなかった。

しばらくして、叔父が去っていったほうから叔母が歩いて来るのが見えた。

冷静になって昭仁さんを迎えに来たのである。

叔父に兄弟はいるかと叔母に聞いたが、三人いたが皆、亡くなっているとのことだった。

亡祭

昨年、ある神社の火伏せ行事を取材しに行った。

火の粉が盛大に舞う、豪快で躍動的な神事である。二十名ほどの代表者が火を扱った派手なパフォーマンスを見せるのだが、高齢の方から子供まで参加するため、危険のないように消防隊員が数人待機している。そのため、神社内は物々しい雰囲気であった。

二人のお孫さんと見に来ていた女性から、次のような話を聞いた。

「この行事は毎年見に来ているんですけど――」

猛暑で体調を崩してしまい、行けない年があった。

その日はずっと布団の中にいた。寝て起きてを繰り返すたびに夢を見るのだが、すべて火伏せ行事に行っている夢であった。

といっても、火の粉舞う神事を見るわけではなく、神事の前に行われる、宮司による祝詞《のりと》の儀に参加しているのである。

これは神事で火を扱う代表者だけが参加する儀で、参加者は男のみのはず。

なぜ、自分がここにいるのだろうと不思議であった。

隣には、よく話す近所の女性もいる。後ろには裏の家の奥さん。

他にもよく見る顔がいくつもあった。

皆、真剣な表情で宮司の祝詞を聞いているが、どうしてそうなったのか、両腕がぐにゃりと曲がっている。関節を無視して肘《ひじ》も手首もあさってのほうに曲がっているのに、本人たちは平気な顔をしていた。

隣の女性も、裏の家の人も、腕がぐにゃぐにゃだった。

自分だけ両腕がまともなので、どうにも居心地が悪い。

すると誰かが「てつだおうか」と腕をつかんで、雑巾のように絞ってくる。

あいたた、いたい、いたい。

どんなに痛みを訴えても、腕をはなしてはくれず、ぎゅうぎゅうと捩《ね》じられる。

夢から目覚めると、外はもう暗くなっていた。

腕にひりひりした痛みがある。

たった今まで誰かが掴んでいたように赤くなっている。

こわくなった。

夢の中で、だれが自分の腕を捩じっていたのか。

夢で見た顔を思い返していく。隣にいた女性は、その年の春に亡くなっている。裏の家の奥さんは昨年に亡くなっていた。

祝詞の儀に参加していた他の人たちも何人か思い出せたが、皆、ここ一年から五年のあいだに亡くなっている人ばかりであった。

「来年もこうして孫と見に来れるといいんですけど……」

今でもたまに、目覚めると腕がひりひりと痛む時があるのだという。

444

ジュンさんが民族学校へ通っていたころ、修学旅行で北朝鮮の平壌《ピョンヤン》にあるホテルに宿泊した。これはその時に体験したことである。

風呂に入ってからの自由時間、友達と二人でホテル内を散策した。

構造は中央が円筒状でそこがエレベーターであり、円筒に沿って緩やかなカーブを描いて部屋の扉が並ぶ。新しくも古くも見えない。とってつけたような明るい色の壁の塗装は、ムラがあって触るとボコボコとしていた。

学校が貸し切っている三階を見て回っていると、前方にスーツの男性の背中が見えた。

「シッ、先生だ」

二人はこっそり後ろから近づいて先生を驚かそうと考えた。

すると先生は、ふいに二人の視界から消えた。

先のカーブを曲がったのである。

追いつこうと二人は小走りでカーブを曲がる。

ところが、先生はすでに十メートルほど先のカーブの手前を歩いており、またスッとカーブに入って消える。

二人が背後から近づいていることに気づいているのだろう。二人の視界から消えたその一瞬のあいだに、走って先のカーブに移動したに違いない。そして、気づいていない素振りで何事もなかったように歩いて見せているのだ。

二人はニヤリと笑みを交わす。そう来るなら、追いかけっこだ。

しかし、先生は上手に逃げる。後ろ姿がカーブに吸い込まれ、追いつこうと二人が走ると、先生はもう次のカーブの手前を歩いている。それが何度か繰り返される。

ジュンさんは違和感を覚えた。

よく生徒と一緒にふざけてくれる先生ではあるが、こんな他愛もない追いかけっこにいつまでも付き合うほど暇でもないはずだ。もう十分以上こうしてただエレベーターのまわりをぐるぐる回って、自分たちと追いかけっこをしている。

ほんとうにあれは先生なのか。
次第に不安になってきた。
思えば、際立って特徴のある後ろ姿ではない。
先生の着ていたスーツの色も覚えていない。
ただ大人がいるというだけで、それを先生だと思い込んでいた。
友達も怪訝《けげん》な表情を浮かべている。
ジュンさんたちは本気で走って背中を追いかけた。
たった今〝先生〟が入っていったカーブを曲がる。すぐそこにいるはずだ。
二人は足にブレーキをかける。
いない。スーツの後ろ姿がない。
先のカーブを歩いてもいない。
消えたのである。
近くの部屋に飛び込んだ？
いや。そばに部屋はあるが、先生や生徒の部屋でないことはひと目でわかった。
その部屋はドアノブが取り外され、赤色のビニールテープでドアの四辺を何重にも目張りされている。

完全に塞がれた部屋だった。

部屋の番号を見て、ジュンさんはその数字を読み上げる。

「444……」

怪談話に出てきそうな、あからさまに不吉な数字の並びである。

その数字を見ながら友達は、ジュンさんに聞いた。

「ここって、三階だよな?」

消えた男は何者だったのか。《444》の部屋では何があったのか。

このホテルが知ってはならないものを孕《はら》んでいそうで、聞きたくても誰にも聞くことができなかったという。

川の底から

　数年前まで建設会社に勤めていた方から聞いた。

「私の仕事は浚渫《しゅんせつ》といって河川の汚泥を浚《さら》う作業なんです。土砂が溜まりすぎると、川底が浅くなって水の流れが悪くなるんですよ。そんな時に大雨が降ったりしたらすぐ増水して決壊でしょ？　そうならないための仕事です」

　浚いあげた泥の中からは不法に投棄された物がたくさん出てくる。自動車、バイク、仏壇、道路標識、金庫や大量のナンバープレートといった犯罪臭をまとう物まで様々。かなりの確率で死体も見つかるのだという。

「僕はまだ年数が浅かったんで動物のしか見てませんけどね。人間もぼちぼちあるそうですよ。でもそういう話を聞きたいわけじゃないんですよね。わかってます。これはそういう話じゃないんで――これは、ベテランの先輩から聞いた話で、うちの会社でのことじゃないんですが――」

その先輩がある地方の小規模な河川工事に入ったばかりの時。

浚った泥に人が埋まっている――そういって一人の若い社員が騒ぎ出したことがあった。

川に流されて行方不明になった人が数年後に見つかることはよくある。その地域では大きな台風が来るたびに行方不明者が出ており、いまだに発見に至っていない人もいた。だから、発見されることはむしろ喜ばしいことなのだが――。

引き揚げられた泥を見ると、二本の足のようなものがピーンとまっすぐ突き出ている。少し離れた箇所には手のようなものがある。仮にこれらを人間から生える手足だとして、その位置から頭部だろうと推測できる形状の泥塊《でいかい》もあった。

どす黒い泥に覆われたそれは、泥をこねて作られた人形に見えた。

確かに、泥の中に人の形をした物があるようだが、それだけで死体とするのは早計である。あわよくば騒ぎを起こそうと、まぎらわしい場所にマネキンを投棄する輩《やから》もいる。

若者が騒いでいるそれも、ここまではっきりあからさまに人の形だと、逆に死体らしさがない。

確認のために泥を取りはらってみた。

その作業をはじめてすぐ、足のようなものがぐずぐずと崩れ落ちる。

泥の中から屍蝋《しろう》化した死体や白骨は出てこなかった。

ただの泥の塊《かたまり》だったのである。

しかし、ホッとした顔をしているのはさっきまで騒いでいた若い社員だけで、陽焼け顔のベテランたちは面倒臭そうな顔をしている。その一人が言うには、このあたりの土地で長く仕事をしていると川に限らず、たまに似たようなものを拾いあげるという。

そういう時は一人二人、熱を出して仕事を休むらしい。

死体を見つけたなら遺族が救われるが、こういうものは誰も得をしないのだそうだ。

N寺峠

京都のタクシー会社に勤務する蔵元さんから聞いた。

「昔からドライブが好きで、よく行っていた場所があるんです。今でもありますよ。おすすめはできない場所なんですが――」

N寺峠。戦時中、多くの移民者が虐殺された土地である。

犠牲者供養の地蔵が建てられているだけで、素晴らしい景観があるわけではない。まわりは鬱蒼として昼間でも暗く、夜はさらに闇がどろりと濃くなり、車のライトが照らしだす枝垂《しだ》れる木々のシルエットが亡霊じみて気味の悪いことこのうえない。走っているだけで、何が起きなくとも急にぞっとして引き返したくなる。それでも気がつくとまたそこへ向かっているという、なんとも不思議な引力のある場所なのだそうだ。

このN寺峠で、数十年前に不思議な体験をしているという。

「その時は久しぶりに地元の先輩たちから招集がかかりましてね。不良グループってやつですよ。みんなでつるんで走ろうやって。声をかけられる後輩をみんな呼んでね。それで先輩の一人が言うわけですよ。おう、蔵元、お前、どこかおもろいとこ案内せぇや。先輩の権限で無茶を言うんです。ええ、ですから、連れて行ったんですよ、N寺峠に」


結構な人数となり、車四台でN寺峠へ向かった。

蔵元さんの運転する車は先頭で強面《こわもて》の先輩三人を乗せていた。

ハンドルを握りながら蔵元さんは不安になった。

おう蔵元、なんもないやんけ、ここのどこがおもろいんじゃ。

――と先輩たちにどやされるんじゃないだろうか。

今さら引き返すわけにもいかない。

どうしてだろう。どうして自分は、あんな場所に先輩たちを連れて行こうなんて思ったんだろう。

案の定、N寺峠にさしかかると先輩たちが文句を言い出した。

「おう、真っ暗やんけ、なんじゃここは」

「肝試しでもせいっちゅうんか」

本当だ、こんな場所、まったく面白くもなんともない。真っ暗なだけで、なにも見えない。

先輩たちは苛立ち、引き返せとシートを蹴り出した。戻ったら殴られる勢いだ。

前方に白いものが見えてきた。

それが地蔵であることは知っている。夜にここを通るとヘッドライトが白く照らし出すのだ。はじめて見た時は心臓が止まるほど驚いた。

——そうだ。あれを使って先輩たちを怖がらせよう。三人とも馬鹿だから、怖さで怒りを忘れてくれるかも。


一計を案じた蔵元さんは後続の車に合図し、道の脇に車を停めた。

「なにをしとんじゃ、おまえは」

「先輩、あれ、なんでしょうね。白いもんがありませんか?」

先輩たちは身を乗り出し、じっと前を見つめる。

「あれがなんや。止まんなやボケ」

怖がっている様子はないが、さっきは戻れと言ったのに今度は進めと言い出した。きっと、あれが何かは確認しておきたいのだろう。そして地蔵であることがわかった後、つまんねぇもの見せんなボケと殴られるのだ。

ため息をつくと、ゆるゆると車を発進させる。

地蔵の横をゆっくり通りかかる。

次の瞬間、先輩たちは火がついたように騒ぎ出した。

「いけや！　はよいけや！　ちんたらすな！」

後ろからシートをがんがん揺らして蔵元さんを急かすので、わけもわからず従った。

なんであんなとこに連れてった！　なんであんなもん見せた！　なんで無視せんと見なかったことにせんかった！

地元方面に戻る車中、先輩たちから激しく怒鳴《どな》りちらされ、罵声を浴びせられた。先輩たちがなににキレているかというと、幽霊を見せられたことにキレているのである。あれはお地蔵さんですよといってもまったく聞いてくれない。

「おまえ、あれを見てないんか」

蔵元さんは見なかった。地蔵があると知っていたからだ。だが、先輩たちは地蔵は見ていない。三人が三人、「座った婆さんが宙を浮いていた」という。

着物を着ていたとか裸だったとか証言に食い違いはあるものの、「足が光っていた」という共通点があった。蔵元さんはさらに混乱した。足が光っているとはどういう状態なのか。正座をして曲げている足が白く光っていたということだろうか。

蔵元さんを担ごうというわけではない。そんなに頭のいい先輩たちじゃない。心底肝を冷やしているのだ。

後日、蔵元さんは一人でN寺峠へ行ってみた。

地蔵は地蔵にしか見えず、宙を浮く婆さんには会えなかった。

「それからも何度も行ってるんですが、出会えませんでしたね。でもそれも不思議なんですよ。どうして、あんななんにもない場所に、ドライブが好きとはいえ私は何度も行っていたんだろうなあ」

楽屋で見たものは

元・地域密着型アイドルのエル子さんの体験である。

三年前、ある商業施設で催されるライブイベントにゲストで呼ばれた。

芸人やアーティストなども出演し、テレビのカメラも入る久しぶりの大仕事である。

出番まで時間があるので緊張しながら楽屋で一人待っていると、ちらちらとテーブルの上のお菓子に目が行く。デパートで売っていそうな菓子が大きなバスケットに山盛りになっている。他の出演者の関係者やスタッフからの差し入れだ。エル子さんはこういった差し入れがなによりの楽しみだった。

基本、楽屋にある食べ物は食べても持ち帰ってもよいので、どれにしようかなと鼻歌交じりで物色していたら、バスケットの底からプリントショップの袋が出てきた。

忘れ物かな。でもなんでこんなところに？

テープで封はされていないので中身を確認する。

家で撮られた家族写真のようなものが数枚。おもしろいものはない。

一枚、失敗している写真があった。

中高年っぽい服装の男女二人が顔を寄せ合っている。

光が反射したのか顔が真っ白になっている。白塗りの顔みたいで、表情もぼんやりとして、見ているとゾクリとした。

写真を袋に戻し、目につきやすいようにテーブルの真ん中に置いておいた。

男性マネージャーが戻ってきたので写真のことを話した。

「ちょっと怖い感じの写真があって引いちゃった」

するとマネージャーも見たいといって写真の入った袋に手を伸ばす。

バチッとなって、マネージャーが手を引っ込める。静電気である。

「おれ、拒否されてる？」

マネージャーは笑いながら再度手を伸ばし、写真を見た。

一枚一枚見ながら、首を傾げる。

「どれ？　二人で写ってるやつ？」

「そうそう、こっち見せないでくださいね」

「これかなぁ。なにが怖いの？」

写真をエル子さんに見せる。

先ほどの写真だったが顔は白くない。

「あれ？　それじゃないですね。それと同じ写真で顔が真っ白になってるのがあるんです。死人みたいな感じの顔で」

「死人、死人……うーん、おんなじような写真はないけど」

楽屋の照明の反射ではないかとマネージャーは言う。

「ここのオーナーだね、こっちの人。一緒にいるのは奥さんかな。後で渡しておくよ」

イベントは盛況のうちに終わり、サイン会ではエル子さんのＣＤもたくさん売れた。

これまで出演したライブイベントの中で、もっとも思い出に残るような素敵な会場だった。またここで歌える日が来るといいなと心からその日が来ることを願った。

ちょうど一週間後、オーナー夫妻が亡くなったことをマネージャーから聞かされた。

急すぎて、はじめはなにを言われているのか理解ができなかった。

夫婦で亡くなったのなら病気ではないだろう。

なにがあったのかと聞いても、マネージャーは頑《かたく》なに教えてくれなかった。普通の事故ではないようだが、エル子さんに話してくれない理由がわからない。

その理由が、あの日に楽屋で見た写真と関係がある気がしてならないそうだ。

鶏が先か、卵が先か

奥田さんが独身時代によく行っていた銭湯が火事で全焼した。

火の手は両隣の商店にも及び、名物豆腐店と高齢の夫婦が営む八百屋が焼けた。

八百屋がなくなったことが、奥田さんにとっていちばんショックだった。この八百屋は珍しく、野菜や果物以外に自家製のアイスを売っていた。駄菓子屋にあるようなアイスクリーム用の冷凍庫を置いて、カットして凍らせた果物などを売っていたのだ。ここでしか買えない冷凍パイナップルは風呂上がりのなによりの楽しみだった。

この火災では死者も怪我人も出なかったが、八百屋の旦那が首を吊ったという話を耳にしてしまった。

長年、妻と守ってきた店を失ったことに絶望したのか、あるいは他の理由があったのか。奥田さんは残された奥さんを不憫《ふびん》に思った。

八百屋の旦那の幽霊が出る。

そう囁かれだしたのは、火事からまだひと月も経たないころだった。

ばかばかしい。奥田さんは幽霊の噂をたてた人間を心から軽蔑した。嫌悪した。不幸な最期を遂げたなんの罪もない人を勝手に化け物扱いして怖がるなんて最低なことだと。

焦げ臭さがこびりつく火災現場には、元・八百屋の一部であった煤《すす》けた壁が解体を待ってぼんやりと佇んでいた。

壁の中央には、縦に細長い黒い跡があった。煤汚れである。

幽霊の正体は、どうもこの煤汚れのようであった。

横向きにぶらさがる人の姿に見える――らしい。

人の姿に見ようと思えば見えるが、それが首を吊った八百屋の旦那の姿だというのは少々無理があった。それでも、いい大人たちが真顔で「八百屋の幽霊を見た」と話しているのを間近で見聞きしていると、もしかするとあの煤汚れとは別に、本当に旦那の幽霊が出るのかもしれないと考えたこともあった。

しかしその後、すべてがひっくり返るような出来事が起きてしまう。

ある朝、現場に残った煤けた壁の前で、八百屋の旦那が首を吊った状態で見つかったのである。

これは、どういうことなのか。

実は、八百屋の旦那の幽霊の噂がささやかれていた頃、旦那はまだ生きていた。

自殺したというのは誤った情報だったのである。

しかし、旦那は結局、噂の通りに首を吊って自ら命を絶ってしまった。

死んだ旦那の姿だといわれた煤汚れに重なるようにして、下がったのである。

噂されていた旦那の幽霊も、やはり見間違いだったのだろう。

あるいは、住人たちは旦那の未来の姿を見ていたのだろうか。

食うぞ

「ちゃんと書いておいてくださいね。外出自粛要請が出される前のことだって」

李依さんは彼氏と甲府へ旅行に行った。

これが最低の旅となった。

まず、ネットで選んで予約したホテルが大失敗だった。

素泊まりなので安さだけで選んだのだが、ネットで見た以上に古くて汚い。サイトの画像は詐欺だった。

汚いのは我慢できるが厳しいのは臭いである。

髪が焦げた臭いに排泄物を混ぜたような異臭がロビーに満ちており、夕食を食べる前だったが一発で食欲を失った。

彼氏がチェックインの手続きをとっている間、李依さんはソファで利用案内のパンフレットをパラパラめくっていた。

「どらあっ」

怒鳴り声が聞こえてくる。

ロビー奥のソファにスキンヘッドの男性が座っている。

肩パット入りのスーツ、手首にじゃらつかせる趣味の悪いゴールドのアクセサリー。アウトロー漫画から飛び出てきたような人物だった。足元の大きな黒いボストンバッグに両足の踵《かかと》をのせ、スマホの通話相手に怒鳴りながら、もう一台のスマホをいじっている。

「だからオレはさぁ、スマートにやりたいんだよ。お前ら次第なんだよ、何回いわせんだよ」

盗み聞いていると、どうもコロナの影響で仕事がうまくいっていないらしく、そのことに対して相手に怒りをぶつけているようだ。絶対コロナ関係ないやろと思って見ていると、スキンヘッドは怒りのせいか酒が入っているのか、あるいはどちらもなのか、顔色が見る見る赤くなっていく。怒り方も漫画みたいだ。血管が切れて破裂するんじゃないかというほど真っ赤になっていく。

受付の中年女性は見て見ぬふり。注意などできるはずはない。

ロビーには李依さん、彼氏、そしてスキンヘッド。とばっちりで絡まれたらすごく嫌だが、友達に話すいいネタにはなるのでバレないように気を付けながら観察していた。

スキンヘッドはただ馬鹿みたいに怒鳴らず、言葉と声に妙な緩急をつけながら、通話相手をねちねちと陰険に追い込んでいた。

「お前よぉ、いい加減にしねぇと食うからよ。なぁ、オレに食われてぇのか？」

そんな脅し文句もあるのか。

李依さんが感心していると、男性の顔が真っ黒になった。

「え？」と声が出てしまった。

光の加減？　――ではない。

そういうレベルの変色ではなかった。どんなに位置を変えて見ても、顔が真っ黒に染まって見える。赤から黒に一変したのである。

何がどうなってああなるのか、もっとちゃんと顔を見たい。少しでも近づこうと李依さんは座ったままソファの端に移動し、じっと観察を続ける。

顔が黒いというより、

ない。

焦げ潰れたようにくしゃっとなって、目も鼻も口も見当たらない。喋っているのに、顔のパーツのどこも動いていない、というか黒くてなんだかわからない。

手続きを終えて戻ってきた彼氏の腕を引っ張って隣に座らせる。

「なに？」と言う顔の彼氏に、口の前に指を立てて「しぃっ」とやると顎と目線でスキンヘッドをさす。

彼氏はこわばった表情で小さく首を横に振ると、李依さんの腕をつかんでエレベーターに連れ込んだ。

「見た？　ねぇねぇ、今の見た？」

「ああいうことほんとやめろって。絡まれたらシャレんなんないだろ」

「そうじゃなくて、顔すごくなかった？」

「ヤバいに決まってるだろ。あれ本物だぞ」

どうも話がかみ合わない。よく聞くと彼氏は絡まれるのを恐れ、スキンヘッドの顔を見なかったらしい。

李依さんは一から見たものを説明したが、彼氏には信じてもらえなかった。

翌日、チェックアウトでロビーに下りると、まだうっすらと臭っていた。

彼氏がカウンターで道などを聞いている間、李依さんはぼんやりと、昨日スキンヘッドが座っていたソファのあたりを見ていた。

何か黒光りするものが床に落ちている。

まさか、拳銃とか？

近づいていくと臭いが強くなる。

落ちているのは布切れだった。黒く、ベタッとした濡れた光沢があり、くしゃっと丸められている。髪の毛か布の繊維のようなものが絡まって、なんの布かはわからないが、ひどく不快な見た目だった。

異臭はその布切れと、男が座っていたソファあたりに集中している。

もしかして。

李依さんは、厭な想像をした。

スキンヘッドが足をのせていた大きな黒いボストンバッグ。

あの中には、もっと大きな臭いの元が入っていたのでは——。

あの時に見た赤い顔と黒い顔は、あの男に〝食われた〟人の顔なのかもしれない。
その時はじめて、李依さんは昨日の自分の軽率な行動を反省したそうだ。

戦争博物館の叫び

知人のジョンウさんから聞いた。

北朝鮮のS郡では過去に同民族同士の争いと虐殺があり、数万人の犠牲者が出たといわれている。その事件の記録を保存し、展示する目的で造られた博物館がある。

そこでは実際に使われた刑具、犠牲者の身につけていたずたぼろの衣服など、当時の惨状を生々しく伝える物が多数展示されており、そのためか、ここ発祥の怪談話も多い。

ジョンウさんの祖父は昔、この博物館へ見学しに行ったことがあった。その時に体験した、生涯忘れないであろう出来事をジョンウさんに語っている。それが次の話である。

学校の課外学習のようなものだったか。

男子と女子五人ずつの班を作って見学をした。

人が死に、殺され、殺したのだという歴史の証を見てまわった。いずれも目を背けたくなる展示だったが、目を背けてはいけない事実として記憶に焼きつけた。男子たちが率先して進み、その後を女子たちがうつむきながらついていく。女子たちは心底つらそうではあったが、逃げ出さずに目と心にしっかりと刻んでいるようだった。

しかし、女子たちが泣きながら見学を拒んだ展示があった。

二つの倉庫である。

当時に使われていたとされるもので、二つ横並びに展示されていた。

ここには捕虜となった市民たちが入れられていたという。

一方の倉庫に大人、もう一方に子供と分けて入れられ、子供たちの倉庫からは親を呼ぶ声が、大人たちの倉庫からは我が子を呼ぶ悲痛な声が行き交っていた――と解説があった。

大人たちの倉庫だけ、中に入って見学することができる。

「いやだ、いきたくない」

一人の女子が耳をふさいで座り込んでしまった。倉庫の中からたくさんの声が聞こえるといって、泣きながらそこから動かなくなった。

それを聞いて他の女子たちも泣きながら行くのを拒んだ。

当時から博物館にまつわる怪談めいた噂はあり、その一つにこの倉庫の話があって、それがとにかく怖かった。女子たちがパニックになるのも無理もないということで、その場に彼女たちを残し、男子たちだけで倉庫の中を見学することにした。


倉庫の内側には、爪で掻き削った文字があちこちにある。

いずれも我が子へ向けた最後のメッセージだった。

「むごいな」

誰かが言った、その直後。

男子たちは全員、われ先にと倉庫を飛び出した。

ジョンウさんの祖父も、出口に殺到する学友たちと倉庫から転がり出た。

聞こえたのである。

子供たちの叫ぶ声が。

痛みをうったえ、熱さにもがき苦しみ、必死に救いを求めながらこの世を呪う、痛々しい地獄の叫びだった。

倉庫の外で待っていた女子たちもパニックになっている。
顔面蒼白で腰を抜かし、失禁している者もいた。
いったい、何が起きていたのか。
発端は、声が聞こえると言っていた女子だった。
彼女が突然、異様な声で叫び出したのである。
その声は彼女の声ではなく、死んでいく子供たちの声、断末魔だった。
男子たちが聞いたのは、彼女が発した声だったのである。

博物館の解説によると、子供の倉庫から先に火をつけられ、「熱い、熱い」と苦しむ我が子の焼け爛《ただ》れた声を聞かされながら、大人は一人ずつ倉庫の中で殺されたのだという。

飛び去った

数年前、転職先で人間関係につまずき、白木さんは無職になった。

人と会うのが嫌になり、次の就職先を探す気力もない。

わずかな貯金を切り崩しながらのぎりぎりの生活。趣味もなく、毎日やることもない。

このままでは絶対に鬱になると恐れた白木さんは、心の拠り所を求めてペットショップへと赴く。そこで黄色のインコに心惹かれ、買って帰った。

ところが何がいけなかったのか、インコはたった二日で死んでしまった。

大切に育てれば十年以上は生きると聞いたので飼うと決めたのだが、これではインコの死体を買ったようなものだ。自分なんかが飼ったばかりに、寿命をこんなに早く縮めてしまった……ショックは大きかったが、悲しみはほとんどなかった。

外に埋めるのは違法だとは知っていたのでペット火葬を調べたら、今の白木さんには厳しい金額であった。死んだインコには悪いが、たった二日を過ごしただけの関係でそこまでする気が起きない。

「上手に飼えなくてごめん」

ティッシュで丁寧にくるんでビニール袋に入れ、明日の「燃えるゴミ」の日に出し忘れないように玄関に置いておいた。

すると玄関のほうから、ときどき音がする。

ビニール袋が動く音だ。

一度、二度聞こえても、袋のすわりが悪いんだろうと気にしなかった。

三度、四度と聞こえても気にしない。

だがそれ以上続くと「もしかして」と考える。

死んだのではなく、仮死状態だったのでは――。

わずかな希望を抱いて袋を開いて確認するが、やはりインコは死んでいる。

ガスかもしれない。

死体から腐敗ガスが出て、それが溜まることで袋が鳴るのではないか。

ガスが抜けるように袋の口の結びを少しゆるめて玄関に置いてみた。

しかしその後も、ビニール袋が鳴る。その音はだんだん、袋の中で翼を羽ばたかせているような音に聞こえてきた。

いよいよ自分の頭がどうかしたのかもしれない——とは思わなかった。

なにかちゃんとした原因はあるのだ。ただその原因を探すのも考えるのも億劫になっていたので、袋の口を固く縛るとベランダに出しておいた。

翌朝、ゴミ出しに行こうとベランダから袋をとった。

妙に軽い。

振ってみたが、まったく重みを感じない。

袋を開いてみると、中にはインコを包んでいたティッシュが入っているだけで、インコの死体はなかった。

おきて

品川さんは明け方に目覚め、強い尿意に急《せ》かされてトイレに飛び込んだ。
用を足し終え、便座に座ったまま覚めぬ眠気にぼんやりしていると、
じりりりん　おきておきて
じりりりん　おきておきて
トイレの隣の部屋から、聞き覚えのない音声が聞こえてくる。
黒電話のような「じりりりん」と、子供に話しかける母親口調の「おきて」。それが機械的に繰り返されている。
目覚まし時計型の知育玩具から鳴りそうな音声だが、そんなものが家にあるはずがない。
音は間違いなく隣の部屋の中から聞こえる。

気味が悪い。

何が鳴っているかは知らないが、なにもトイレに入ったタイミングで鳴ることはないだろうに。

今すぐに確かめに行く勇気はなく、そのうち鳴りやむのではないかとしばらくうかがっていたが、そうしているうちに眠気が覚めていき、現実的な思考になっていく。

もし目覚まし時計的なものが鳴っているのなら、止めなければ音も止まらない。

このまま放っておいたら近所迷惑になるだろう。

トイレを出ると「うるせぇっ」と言いながら隣の部屋の扉を乱暴に開けた。わずかにこびりつく「気味の悪さ」を怒りの勢いで振り払うためである。

じりりん　おき——。

音声がぴたりと止んだ。

なんで今度は止まるんだよ——。

気味の悪さが這い戻ってくる。

部屋に入ったから止んだ？　ならさっきも偶然に鳴ったのではない？

意図的に鳴って、意図的に止まったというのか。

そんなばかげた話はない。あの音は機械の音だ。きっと買って忘れている音の鳴るなにかが、偶然このタイミングで誤作動を起こしただけだ。

現実的に持っていこうとしても、どんどんこじつけっぽくなっていく。

そうだ。正体がわかればいいのだ。

品川さんは部屋の中をあちこちひっくり返して探した。しかし、あのような音声の鳴る物は見つからない。

なにも納得できなかったが、ないものは仕方がないので探すのをあきらめた。

仕事が休みなので昼まで寝る予定だったが、すっかり目が覚めてしまった。

朝から土砂降りなので遊びにも行けない。

週間予報でも見ようとテレビをつけると『大雨洪水警報』の文字が目に飛び込む。

品川さんの住んでいる地域には避難勧告が出されていた。

二十数年前。観測史上最大規模の台風が接近しているさなかの出来事であった。

フォト

富井さんは中学生の頃、自転車で派手に転んで左腕を骨折した。

腕を吊った状態ではゲームのコントローラーもろくに持てない。家にいても暇なので同級生の佐久間の家へ遊びに行った。

佐久間は団地に住んでいた。

漫画やゲームの話をしていたら、気がつくと夕方になっている。「泊まっていけよ」と佐久間が言うので、そうすることにした。

その日はなぜか疲れていて、話している途中で朦朧《もうろう》とする。

「先に寝ようかな」

「ベッド使えよ。腕がそれじゃ床はきついだろ」

「じゃ、お言葉に甘えて」

富井さんがベッドに入ると、佐久間はドラクエをはじめた。

目を閉じるがゲームのピロピロという音が気になって眠れない。

すっかり眠気も飛んでしまって、ぼんやり天井を見ていた。

ん？

なにか、ある。

窓側の天井に一段下がったような低い箇所がある。下がり天井といわれる部分だ。そこの横面にポストカードサイズのものが貼られている。モノクロ加工の写真でジャケットを着た男性が写っていた。

全身写真で全体が小さい。寝た姿勢からでは顔がよく見えない。

佐久間ではない。歌手か俳優だろうか。誰かのファンだという話は聞いたことがない。

別にファンでもいいが、貼るならせめて女の子のアイドルとかにすればいいのにと思った。

そんなことを考えているうちに眠ったようで夢を見た。

夢の中でも佐久間の部屋だった。

ベッドの中でゲームをしている佐久間の背中を見ている。

テレビの横には、写真に写っていた男が立っている。

男が佐久間を殺そうとしているのがわかった。


目が覚めると、まだ眠ってから五分ほどしか経っていない。

佐久間はゲームをしている。

まだ夢と現実の間をふわふわしていた。

あの写真が気になったまま眠ったから、あんな変な夢を見たのだろう。

で、結局あれはだれの写真だったんだと天井の写真に目をやるが、やはり全体が小さくて見えない。

近くで見ようと起き上がると、写真の横幅がきゅうっ、きゅうっと狭くなっていく。

これはなんだと見ていると、写真は横幅がどんどんなくなって、棒のように細くなって消えた。

写真が縮んで消えた——というより、小さい窓が閉まったように見えた。

写真サイズの窓の向こうにジャケット姿の小さい人がいて、きゅうっと窓が閉まって壁から消えてしまった、そう見えたのだ。

もちろんそんな窓は天井にない。写真があった場所は壁紙が破れ、めくれて舌のように垂れている。あれを写真と見間違えたとも思えない。

ベッドの上に立って近くでよく見てみるが、とくに変なところもない。

「おまえなにやってんだよ」

佐久間が声をかけてきた。

小さい人が小さい窓から覗いていた——なんて真顔で話しても笑われるだけなので、さっき見た夢の内容を話した。

「なにそいつ。おれのことを殺すって言ったの？　なにその夢」

あきれたように笑う佐久間の表情がすっと真顔になる。

「おまえ、見たの？」

佐久間は天井の低い箇所を目でさした。

彼もたまに、そこで変なものを見るという。

「あれ、なんなの？」

「さあ、わかんない」

見たから何かあるというわけではないから安心しろよと言われた。

ところがその数時間後、佐久間の家のトイレを血尿で真っ赤に染めて、富井さんは病院へ担ぎ込まれる羽目となった。

菊の花

岸本さんは二つ下の妹を交通事故で失った。

中学の入学式のさなか、その報せが届いた。

家族が急に一人いなくなって、暮らしは大きく変わった。

兄妹で使っていた部屋が急に広くなった。妹が煩《うるさ》いから一人部屋がいいと親に直談判したことがあったが、一人がこんなに静かなものだとは思わなかった。

突き放してもどこまでもついてくる、寂しがり屋で甘えん坊の妹だった。

自分は妹に怒ってばかりだった気がする。泣かせた思い出しかない。

いまさらだが、兄らしく妹に優しくしてあげたい。

今からでも何かできないかと考えた。

両親の寝室には、妹の小さなお仏壇がある。

妹がいなくなってからはそのお仏壇が妹みたいなものだった。

妹が喜ぶものをここに供えたい。ここに供えれば妹に届く。

何がいいのかと親に相談すると、オヤツやジュースでいいという。

食べ物ではないなと思った。なにかもっと特別なものをあげなくては。

しばらく考えたが、なになら喜んでもらえるのか、まったくわからない。

そんなある日の夕刻。

自分の部屋にいると、妹がキーボードを弾くときに使っていた楽譜スタンドが倒れた。

なにもなく、勝手に倒れるものではない。

これはきっと妹が教えてくれたのだ。キーボードが弾きたいよ、と。

とはいえ、そんな大きなものをお仏壇に供えるわけにもいかないので、妹がよく見ていたアニメの楽譜を探し、それを供えた。

それから幾日も経たない、ある日。

「おまえの部屋からピアノの音が聞こえたよ」

同居の祖父がそんなことを言い出した。

音が鳴るものは妹のキーボードぐらいしかないが、ちょっとできすぎな話の気もする。祖父がたった一度聞いただけで、他の家族は聞いていないのだ。祖父が変に気を使って作り話をしているか、聞き間違いということもあるので真に受けないようにした。

それにほんの少し、怖い気持ちもあった。

妹とはいえ、もう死んでしまったものだ。

もし夜、枕元に立たれて、顔を覗き込まれたりでもしたら――。

妹が天国で喜んでくれていると思えば、怖いという感情も消えると思った。

だが、どうしても気になってしまう。

キーボードが視界に入るたび、もし今、ひとりでに鳴り出したら――。

考えるだけで鳥肌が立った。

そんなふうに考えることが妹に悪い気がして、キーボードをしまおうと両親に相談した。そして、キーボードは押し入れの奥へとしまわれた。

その後、祖父が体調を崩した。急に足元がおぼつかなくなり、自立が困難になって、這って家の中を移動するようになった。

食事中に吐いてしまうことも増えた。

かかりつけの医者に診てもらったが、胃が荒れているが深刻なものではないとの診断結果が出た。しかし、その後も吐くので他の病院へもかかったが、はっきりとした原因はわからず、本人は心底怖がっていた。


「ピアノを出してやったほうがいいんじゃないかな」

祖父が突然、そんなことを言い出した。

自分の体調が悪いのは、妹のキーボードをしまったせいだというのである。それというのも、自分が余計な報告をしたからだと――。

そんな祖父に岸本さんの父親は激しく怒った。

岸本さんも横で聞いていて腹が立った。妹がいくらキーボードが弾きたかったからといって、祖父にそんなひどい真似をするわけがない。第一、もしそれで恨まれるのなら、恨まれるのは祖父ではなく、キーボードをしまうという提案をした自分だ。

父親の激しい剣幕に祖父は、声を震わせて謝っていたが、その日の夜も夕食を全部吐いたので「やはりピアノを……」と話を蒸し返し、また父親に激怒されていた。

次の日に学校から帰ると、部屋に妹のキーボードが出されていた。

鍵盤の上に何か細かいものが大量にちらばっている。

祖父がやったのかと本人を問い詰めると、

「あれは菊の花弁だよ」

と言った。

祖父の中では、死者へのご機嫌取りは菊の花ということになっているらしい。

馬鹿らしいと思ってすぐに片付けたが、それから不思議と祖父は吐かなくなり、歩けるようにもなって、すっかり体調がよくなった。

「もうピアノを隠さないと約束したから許してくれたんだ」

祖父以外の家族のだれもが、そんなことは思っていなかった。だから、たびたびキーボードを片そうとしたのだが、すぐに祖父がやってきて物凄い形相で阻止してきた。

その様があまりに異様なので、祖父が亡くなる日までキーボードは部屋に出されていたという。

いつもどおり

郡司さんはマンションの一階にご家族と住んでいる。

入居者が使うことのできる専用庭があり、そこで野菜などを育てている。

毎朝、郡司さんが野菜に水をあげにいくタイミングで、隣に住む高齢の奥さんが庭に出てきて、よく声をかけてきた。網戸を開く音に反応して出てくるらしい。

その日も、

「なにを育ててらっしゃるの？」

「おはようございます。今はトマトですね」

昨日も同じことを聞かれた。その前の日も同じことを聞かれている。隣の奥さんは庭で顔を会わすたびに同じことを聞いてくるのだが、郡司さんは毎回、初めて聞かれたように返していた。とくに煩《わずら》わしさなどは感じていなかったという。

「お子さんは元気？」

「毎日走り回ってうるさいくらいです。そちらはどうですか？」

「おかげさまで。うちの旦那はおしゃべり好きで、毎日遅くまで話に付き合っているんですよ」

そう言うと困ったような笑みを見せ、

「あの人、声が大きいから、ご迷惑じゃありません？」

「いえ、まったく。聞こえても気になりませんよ」

郡司さんが気になっていたのは奥さんの部屋着だった。

胸元と袖に黒い汚れがついている。おそらく数日前から同じ服を着続けており、今ある汚れも結構前からついていた。汚れは日に日に増えている気がした。

隣から呼ぶような声が聞こえ、奥さんは「はいはい」と戻っていった。

いつも通りの朝であった。


その日の午後。

家族が外出中で一人午睡《ひるね》をむさぼっていた郡司さんは、大きな物音に起こされる。

ドスッ、ドスッと、壁の向こうから何かをぶつけている音である。

その壁の向こうは、隣の夫婦の部屋だ。

何か騒がしい。

庭のほうからは複数の男性の低い声。

玄関の外からもざわつく声がする。

胸騒ぎがして外へ出てみると、毎朝、廊下で井戸端会議をしている住人たちが隣の玄関ドア付近に集まっている。そこには警察もいた。

それで察した。隣の夫婦のどちらかに何かがあったのだと。

だが、そうではなかった。

どちらかではなく、どちらもだった。

お隣さんは、夫婦で亡くなっていたのである。

当初、郡司さんは状況がまるでつかめなかった。だが、漏れこぼれる野次馬の声を拾い集め、隣で起きていたことが少しずつわかってきた。

先に亡くなっていたのは旦那さんであった。

奥さんは郡司さんと庭で話した朝八時ごろから、遺体として発見される二時までのあいだに亡くなったことになる。

問題は、旦那さんはいつ亡くなったかである。

旦那さんは、容易に運び出せない状態にまで腐敗していたらしく、死後一週間以上は間違いなく経過していた。

今までどのようにして死臭を外へ漏らさずにおれたのか。

奥さんは毎日、亡くなった旦那さんにずっと喋りかけていたのだろうか。

郡司さんが聞いていた、奥さんを呼ぶ声は誰のものだったのか。

「なにを育ててらっしゃるの?」

また、いつも通りの声をかけられるような気がして、緊張しながら今日もトマトに水をあげてきたという。

鬼圧

玲美さんが島根にある友人の実家へ泊まりに行った時のこと。

夕食をご馳走になっている時、友人の母親から「経験ある?」と訊ねられた。

玲美さんは質問の意図をちゃんと理解していた。

事前に友人から「うちのマミィー霊感あるんだよ」と聞いていたのだ。

つまり、経験とは性的なほうの意味ではなく、霊的な経験、霊体験があるかと聞かれているのである。

「ないです」と玲美さんは答えた。

「じゃあ、話しておいたほうがいいかもね」

友人の母親・咲江さんは、この家の立地の話をし出した。

友人宅は住宅地の端にあり、周辺に民家は数えるほどしかない。

近くには古い葬祭場がある。

葬祭場のまわりには三軒の民家があり、その中の一軒は家の正面玄関が葬儀場の正面入り口に面しているという。その一軒とは、この友人宅である。

「なにが言いたいかというと、うちの入り口と葬祭場の入り口はまっすぐ繋がっていて、入り口は出口でもあるから、葬祭場から出てきたものが、この家にまっすぐ入ってきちゃうってこと」

咲江さんは、しれっとした顔で言う。

仮通夜は故人と遺族が過ごす最後の夜であるが、住宅地がそれほど離れていないこともあって、遺族は自宅に帰ってしまう。そのため、葬祭場に残された故人が寂しがってこの友人宅に来ることがあるのだそうだ。

「といっても、すたすたと歩いて入って来るわけじゃないの」

まず、家で飼っている犬が急に激しく吠え出す。

玄関ドアが開く音がする。

ドアが開くと気圧で一瞬カーテンが膨らむ。

そういうことが起き出したら、入ってきているのだという。

玲美さんはおそるおそるたずねた。

「それって……なにか悪いことが起きたり、変な物を見ちゃったりとかは……」

ないない、と咲江さんは笑いながら手を振る。

「なにかあったら、ここに住んでないから」

すると、友人宅のコーギーが急にバフッバフッと吠え出した。

玄関の方からガチャッとドアの開く音がする。

室内をぬるい空気が流れていき、玲美さんの肌を舐めていく。

「えっ？　なに？　なにこれ？」

咲江さんは「ほらね」という顔をしていた。

足りなかった

玲美さんの体験である。

島根で開催される野外ライブにどうしても行きたくて、同県に実家のある専門学校時代の友人に久しぶりに連絡し、「一緒に行かない？」と誘った。宿泊費を浮かせたいという下心あっての相談である。

「そろそろ帰る予定だったから別にいいけど、うちでいいの？」

ホテルをとったほうがいいんじゃないのと確認をとってくる。

正直に現在の懐《ふところ》事情を話すと、

「事情はわかったけど、ほんとにうちで大丈夫？　後悔しない？」

しつこいほど、何度も聞いてくる。

友人がそうする理由があった。

以前に玲美さんはこの友人宅に泊まったことがある。その時、友人の母親に怖い話を聞かされ、怖い体験までさせられた。この時の記憶がトラウマになり、玲美さんはしばらく一人では眠れなかった。

そのことがあったから「本当にうちでいいの？」と確認しているのである。

本心で言えば、玲美さんは二度と彼女の家には行きたくなかったのだが、それ以上にこのライブに行きたいという気持ちが強かった。自分の追いかけているロックバンドを間近に生で見られる滅多にない機会だったのだ。

「玲美がいいなら別にいいけど。あ、なら、プチ同窓会やんない？」

その方が人数も増えて賑やかでしょと言う。

玲美さんは賛成し、他にも二人に声をかけた。

ライブはとても良かった。みんなで熱くなった。誘った友人たちも大ファンになり、またこの四人で行こうねと盛り上がりながら友人宅へ到着した。

「いらっしゃい。玲美ちゃん、お久しぶり」

友人の母親・咲江さんが笑顔で出迎えてくれた。

玲美さんは急に熱が冷めていくのを感じた。

身体が覚えていたらしい。

「うちに何泊していってもいいけど、みんな覚悟はしておいてね。とくに玲美ちゃん」

この場でその言葉の意味がわかるのは、この家の人間と玲美さんだけであった。


友人の部屋で四人並んで雑魚寝《ざこね》した。

旅とライブの疲れが出たのだろう。ゴロンと横になるとみんなすぐに寝息をたてた。

玲美さんは眠れなかった。

数年前の体験の記憶がまだ根を張っていた。

部屋の中に、なにかの気配を探してしまう。

友達の唸り声や物音に敏感に反応する。

余計な想像をしないように今日のライブのことだけを考えた。

玲美さんは目が覚めた。

いつのまに眠っていたのだろう。あんな状態から眠れたことに驚く。

部屋の中は青暗い。明け方のようだ。

ぞくっ。

冷水を浴びたように玲美さんは身体をこわばらせる。

声が聞こえる。

ぼそぼそとした、陰気で乾いた声だった。

玲美さんは首を動かさず、声のする方に目だけを向けた。

窓際にだれかが立っている。

大人。男の人だ。

家に泊まらせてくれた友人のそばにいる。なにかを話しかけているようだ。

どうしよう。今すぐ友人を起こしたほうがいいだろうか。それとも、ここで大騒ぎしてみんなを起こしたほうがいいか。

すると今度は、別の声がぼそぼそと聞こえてくる。

友人の声だ。

しゃべりかけてくる男に言葉を返している。

そっと頭を起こして様子を見ると、友人は目を閉じたまま口だけを動かしていた。

アカン……今ぜったい、見たらイカンもの見とる……。

寝返りを打つふりをして背中を向け、ぎゅっと目をつぶった。

そのまま夜が明けきるまで起きていようと思った。

友人が連れて行かれたらという不安があったからだ。

でもまた、いつの間にか眠ってしまった。


「生きてる？　ちゃんと生きてる？」

起床すると玲美さんはすぐに友人の無事を確認した。

きょとんとしている友人に、今朝のことを伝えなければいけないと思った。

「わたしな、ぜったい見てもうた」

「なに？」

「幽霊」

「……マジ？」

他の二人はなんのこっちゃわからない、そんな顔をしている。

「あ、それって、もしかして六時ごろ？」

玲美さんは頷いて、

「たぶんそれくらいやわ」

「それ、お父さん」

「――は？」

友人の父親は、娘の友達が大勢泊まりに来るからと気を利かせ、近所の義母の家に泊まりに行っていた。娘はめったに帰ってこないので、今朝、仕事に行く前に会っていこうと家へ寄っていったのだという。そういえば、父親は仕事で夜が遅く朝が早いから、たまに帰ってもほとんど会えないと友人から聞いたことがあった。

そんな久しぶりの親子の再会を、幽霊が友人を連れて行こうとしている光景だと勘違いしてしまったのだ。これも咲江さんのせいだと思った。

「ほんとやめてや、ちびったわぁ」

玲美さんはほっとして笑った。


夕方、友人の父親が帰ってきた。

娘と一緒に夕食を食べようと早めに仕事を切り上げてきたらしく、上等な肉をたくさん買ってきていた。その肉を使った豪華なすき焼き鍋が夕食に出されたが、玲美さんはまったく箸が進まなかった。

目の前にいる友人の父親は、明け方に見た男の人ではない。

暗くて顔をほとんど見ていなかったが、決定的な違いがある。

今、ここにいる父親には、ちゃんと両手両足が揃っている。

しかし、玲美さんが明け方に見た友人の父親は、手も足も一本ずつ足りなかった。

移動する死臭

二十年ほど前の私の体験である。イベントなどでも語ったことがあるが、当時と少々事情が変わった部分もあるので、情報の更新もかねて新たに書き起こすことにした。

当時、私の勤め先では、よく猫が死んだ。

奥まった突き当たりに工場があり、車はめったに入ってこない。猫たちにとっては安全な溜まり場で、そこで子供をたくさん産むため、工場の敷地内は猫の楽園になっていた。

普段は安全だが、夜になるとたまに迷い込んでくる車があり、行き止まりだとわかれば工場の敷地にケツを突っ込んでUターン。そこが楽園だとは知らないので仔猫だろうがなんだろうが轢《ひ》いていく。出勤したら地面に猫たちがプリントされていた、なんて光景とよく出くわした。

社長は大の猫好きなので、そういう猫を敷地内に埋めてあげてほしいと私に頼んできた。

私も大の猫好きなので毎回引き受けていたら、いつの間にか、死んだ猫を敷地内に埋める担当みたいになっており、多いときは月に三匹の猫を埋める羽目となった。

すぐに埋めてあげられる猫はいいが、跳ねられてどこかに入り込んでしまうこともある。また、瀕死の状態で人目のないところに入り込み、そこで命尽きていることもある。

「最近、見ないな」という猫がいると、しばらくして工場の敷地内で異臭がし始める。

私はうんざりしながら、どこかにあるはずの猫の死体を探す。

カラスにつつかれたりして、たいてい無残な状態で見つかるので、いつか自分の心が病むのではと思っていた。


ある年の梅雨入り前後の蒸し暑い時期であった。

パートの女性たちが、なにかが臭うと話していた。

言われてみると確かに工場敷地内のどこからか、鼻腔《びこう》を抉《えぐ》る臭いがする。

死体特有の臭いである。

みんなが「出番だよ」という空気を出してくる。

厭な出番だが、私は自分の仕事を中断して臭いの元を探し出す。

だが、今回はわからない。

臭いは当然、本体がいちばん強く発している。

だから、臭いが強くなっていくほうへと向かえば自然に見つかるものなのだが、この時の臭いは居所をまったくつかませない。

鼻に神経を集めて工場内を巡る。

浴場周辺がとくに臭う気がする。ここだと思って入ると――違う。

じゃあこっちかと覗き込むが、もう鼻は臭いの尻尾を逃している。

数日かけて、工場の隅から隅まで探したが、私をあざ笑うように死臭は神出鬼没であった。

腐敗が進めば厭でも場所がわかるだろう、そうあきらめかけた時。

「ハエがぶんぶん飛び回ってるところがあるんだけど……」

ネコちゃん、そこにいるんじゃない？

パートの女性が教えてくれた。

どこですかと聞くと、アパートだという。

工場に隣接する二階建てのアパートである。昔は寮として使われていたが、今はもう社員は住んでいなかったので安い家賃で貸し出していた。

嫌な予感しかしない。

このアパートには独居老人が多いのだ。

どの部屋かはすぐにわかった。玄関のまわりを黒い粒が行き来している部屋がある。

ドアに近づくと、わあん、と無数の黒い粒が舞い上がった。

間違いなく臭いの発生源はこのドアの向こうにいるとわかった。

いや、ある、というべきか。

台所の窓の桟には大粒のハエが震えながら転がっている。大物のハエは動きもスローだし、飛びもしない。換気扇のファンの隙間を勢いよく出入りしている。ドアの下から米粒のようなものがぽろぽろと転がり出てくる。これらを集めているのが猫ではないことは間違いなかった。

部屋からは高齢男性の遺体が見つかった。

ブリーフ一枚で、柔らかくなった台所の床板に沈んでいた。

運ばれる遺体は「箸箱《はしばこ》」のようだった。どういう状態かはご想像にお任せする。

それにしても。

なぜアパートの他の部屋の住人は臭いに気づかなかったのだろうか。

マンションほどの密閉度があるならまだしも、エアコン風呂なし築四十年以上の隙間風が入る木造アパート。ハエの量も普通ではなかったというのに。

私がなかなか死体にたどり着けなかったのは、臭いが動き回っているからだと思っていたが、動き回っていたのは臭いではなかったのかもしれない。

そう思わせる出来事があった。

この日、死体が運ばれるのを見届けた私は、業務を終えて浴場へ向かった。

一日、死臭にまみれた身体を早く洗い流したくて、洗面器と垢すりを持ってガラス戸を開けた。

うっ、と呻いて、それ以上進めなかった。

湯船に垢のようなものが大量に浮いていたのである。

猛暑のなか、老人はバターのようになって死んでいた。
死後、涼しい場所を求めて移動し、最後に風呂に入って垢を落としていった。
そう考えると、私はいくらか救われた気持ちになるのである。

さんぼんあし

福祉関係の仕事をしている女性からお聞きした。

その日は朝からどうもやる気が起きなかった。身体がだるく、熱はないが風邪をひきそうな予感がある。念のために仕事は休みをとった。

昼過ぎぐらいまで寝て目覚めたら、すっかり体調がよくなっていた。

（これなら、今夜は予定どおりいけるかな）

夫にＬＩＮＥを送ろうとスマホを探していたら、それの存在に気づいた。

アイランドキッチンのカウンターの上に、変な人形が浮いている。

白い人の形で、磔刑《たっけい》のように両腕を横に伸ばして「Ｔ」の字を作っている。

手足が短くずんぐりむっくりしており、砂を詰め込んだ軍手のようなものだった。

夫が吊り下げたのか。だが、なぜこんな場所に？

ボージョボーとかブードゥーとか呼ばれる呪術人形のようなものか。
○○成就祈願みたいな効果があるのだろうか？　それともドリームキャッチャーみたいな魔除けの効果があるとか？
夫なりの願掛けなのかもしれないが、あまり趣味はよくない。

近くで見ようと近づくと、それは横にすーっと滑るように移動し、キッチンカウンターの反対側にいってしまった。

（これ動くんだ？　てかなに？　どうやって動いてるのこれ？）

吊り下げる糸のようなものも見えない。どんな仕掛けだろうとまじまじと見つめていると、ぴんと伸ばして閉じている足を、ゆっくり広げた。コンパスのように広げた二本の脚の股の間から、ぴょこっと小さいものが現れる。

それは、ぴょこ、ぴょこ、とかわいく動いて、アピールしているみたいだった。

「ち×ぽ？」

声に出したら笑ってしまった。

真ん中の突起は灰とも緑ともつかぬ腐ったような色になっていく。

よく見るとそれは性器の形をしてはいない。

小さな足である。

股の間から出ているのは、乳幼児の足だ。

そうだとわかった瞬間、そのへんなものが悍《おぞ》ましく見えた。

それはやがて、眼鏡のレンズの曇りみたいに白くぼんやりして見えだし、こちらの焦点が合っていないのか、向こうが輪郭を曖昧にさせているのかわからなくなる。

そして、一瞬だけ目を離している間にいなくなってしまった。

薄暗い感情だけが胸に残り、それから一度吐いた。

その時は妊活中だったが、夫とよく相談して時期をずらすことに決めたという。

トイレに行きたい

病院で夜間の救急受付をしている田中さんから聞いた。

その日、怪訝な表情をした二人の看護師が小声で何かを話していた。

なにかあったんですかと聞くと、

「四階のトイレが、ちょっと」

勝手に流れるのだという。

そこは車椅子が入れる大部屋のトイレで、センサーがあるので便座から離れると自動で水が流れるのだが、ここ何週間か、それが無人で流れるそうなのだ。

四階には、自力でベッドを下りて歩いてトイレに行ける入院患者はいない。よって、トイレの使用は必ずナースコールでの呼び出しがあるはずなのだが、つい先ほどもトイレから水の流れる音がしたので見に行くと、室内は無人。まだ水がちょろちょろと流れていたという。

田中さんはこの時に初めて聞いたが、四階トイレのことは看護師たちのあいだでよく噂されており、無人のトイレから水が流れる音を聞いた人も何人もいるらしい。

「でもそれって、センサーの故障じゃないんですか？」

「それが、そうではないみたいでね」

こんなことがあったのだという。

ある夜、四階でナースコールが鳴った。

夜勤の看護師たちは、ライトの点滅する部屋番号を見てゾッとする。

噂のトイレに、いちばん近い個室だからである。しかも、その病室を使っていた患者は先日亡くなったばかりで、今は空室になっていた。その患者は、自力でトイレに行くことができず、それでも看護師に介助を頼むことをひどく嫌がり、我慢をしてしまうのでよくベッドの中に粗相し、そうなってから渋々ナースコールを押していたという。

どうせ、行っても誰もいないのはわかっている。だからといって放っておくこともできず、念のために確認をしに行った。

ナースコールはやはり、無人の個室から鳴らされていたという。

※

私はその亡くなった患者の気持ちがよくわかった。

現在、入院中の父がそうだったのだ。

下の世話を人にしてもらわねばならない恥ずかしさ、情けなさ、申し訳なさ。それらがトイレの介助を拒絶させてしまう。限界まで我慢をさせてしまう。

だから、私はこう思った。

「その患者さんは亡くなられたことで、ようやく自由に一人でトイレへ行けるようになったんですね。今もそれがうれしくって、四階のトイレを使っているんでしょうね」

「いえ、違うんです」

田中さんは首を横に振る。

「その前からなんです」

「前……から？」

「その患者さんが亡くなる前から、四階のトイレは無人で勝手に流れていたんです」

看護師たちのあいだでは、このように言われているそうだ。

誰の力も借りず、自分の足でトイレに行きたいという強い一心で、その患者の生霊がトイレに行っていたのではないか、と。

また、こうも考えられている。

四階のトイレには、なにかがいるのではないか。

そのなにかがいることを知っていたから、患者はトイレへ行くのを拒絶していたのではないか、と。

赤い日

自宅の押し入れを整理していると、ここ数年分のカレンダーが出てきた。

華織さんはその日にあったことをカレンダーにこと細やかに書き残し、それを日記代わりにしていた。だから捨てずに残してあったのだ。

二〇一七年から、同じ年のカレンダーが二部ずつある。

一部は息子さん専用で、はじめから日記帳として使わせていたものだ。

小学二年生から書かせているが、はじめは一文字一文字が大きく、その日の枠から大きくはみ出している。アイスをたべた、マリオであそんだ、ママにおこられた。書いてあることがかわいい。

微笑《ほほえ》ましく読んでいると、二〇一七年の四月、九月、十月、二〇一八年の三月、四月の一か所ずつ、ただ赤く塗りつぶされているだけの日がある。

赤色の色鉛筆で、きれいに枠からはみ出さずに塗られていた。

息子を呼び、これはなんなのと聞くと、本人はどうして塗りつぶしたのか覚えていないと答えた。だが、あとになって思い出したようで、そこははじめから赤く塗られていたので何も書かなかったのだといった。

その日に何かがあったのかもしれない。

華織さんは自分のカレンダーと照らし合わせてみたが、赤く塗らねばならないようなことは書かれていなかった。


二〇一九年の夏、華織さんの実家に家族で行った時だった。

「あー！」という声が聞こえ、息子がキッチンに飛び込んできた。

夕食の準備をしている華織さんに「あった！」といって、腕を引っ張ってどこかへ連れて行こうとする。

どこに行くかと思えばトイレで、壁にかかっているカレンダーを見せられる。

息子のカレンダーにあったような赤く塗りつぶした日があった。しかも先週。塗り方、色の濃さ、息子のカレンダーにあったものと同じに見える。

息子の悪戯かと一瞬思ったが、親に確認したほうが早い。

「トイレのカレンダーさ、赤いところの日って、あれなに?」

華織さんは母親にたずねた。すると母親は、

「さあ、お父さんに聞いて」

たぶん、趣味の釣りに関係あるのではないかという。

ところが父親に聞くと、

「母さんだろ?」

何年か前から「赤い日があるな」と思っていたが、母親は父親が、父親は母親が塗ったものだと思っていたらしい。

華織さんは家族を集め、

「この日なんだと思う?」と率直な意見を聞いた。

答えられる家族はおらず、ただ厭な空気になってこの話題は終了した。

華織さんの家のカレンダーに今のところ新たな《赤い日》は増えていない。

実家に電話で聞いたら「あれ以来見ていない」と言われたが、実はかなり怪しんでいる。

足に──

須賀さんにはひと回り歳のはなれた妹がいて、年に一度、姉妹で旅行に行く。近場の温泉宿で美味しい料理とマッサージでリラックスというのが定例だが、その年の夏は奮発して南の島へと飛び立った。

初日は観光タクシーで島内を巡り、二日目はゴルフを楽しんでから居酒屋で郷土料理に舌鼓《したつづみ》を打った。

午後十一時ごろに店を出て、酔い醒ましに歩いてホテルへ戻ることにしたが、大通りはナンパ目的の派手でうるさい車が目立つ。人目を忍べる裏路地を探していると窓明かりもまばらな住宅地の小道を見つけ、探検気分でそこに入っていった。

道は迷路のように枝分かれし、家らしい家も見えなくなって、どこへ向かっているのかもわからなくなった。

しばらく歩いていると姉妹の耳に、ざあざあと水の流れる音が聞こえてきた。

「小さい滝でもあるのかな？」

「こんな場所に？　そんなのガイドブックで見なかったけど」

「きっと小さすぎて載ってなかったんだよ」

「地元の人しか知らないパワースポットとかね」

水音は自分たちの進んでいる方から聞こえる。

このまま歩いて行けば、いずれたどり着く距離だ。

姉妹はわくわくしていた。

妖怪じみた樹木が絡み合う細道は街灯もまばらで暗かった。

ずいぶんな悪路である。足元が見えないため自分の踏んでいるのが地面なのか木の根っこなのかもわからない。サンダルの底からぼこぼことした感触だけが伝わる。

水音の源泉らしきものはまだ見えてこないが、水音だけは確実に近づいている。

途中、案内板のようなものがあったが明かりがないので読めない。案内板があるということは、やはりなにかはあるようだが、そのなにかは一向に見えてこず、ざあざあという音だけがもう間近にまで来ていた。

足に――

「あれ」

二人は道路に出た。

すると、目前にまで迫っていた水の音は逃げるように遠のいていった。

目の前をタクシーが通りすぎていく。一気に興が冷めてしまった。

「滝は？　パワースポットは？　あの水の音なに？　ねぇ、私たち化かされた？」

妹を見ると、幽霊でも見たような顔で須賀さんの足元を見ている。

「あ、あしっ、あしひぃっ」

須賀さんは自分の足元を見た。

なにかを踏んでいる。

黒い毛布の切れ端のようなものだ。

毛の生えた獣の死骸に見えた。

その横腹を須賀さんの足がずっぽりと踏み貫いている。そこからこぼれたものか、あたりには明太子や塩辛みたいなものがちらばっていた。

「ぎゃあっ」と叫んだ須賀さんは、それを振り払おうと空《くう》を蹴りまくったが、足に絡みついていてなかなか取れない。姉妹でパニックになりながら、ぼろきれのようなそれを引きずってホテルまで走った。

何度も腰が抜けそうになりながら、やっとのことでホテルに着いた。

足に絡みついていたぼろきれのようなものは途中で落ちたのか、もう消えていた。

どこでついたものか、姉妹の腕には引っかかれたような四本の筋が白く残っていた。

妹には、ズタボロの猫の死体に見えていたらしい。

しかし、須賀さんの目には今まで見たことのない生き物に見えた。

「ほんとに死骸だったのかなって。私のこと、ジッと見ていたような気がするんです」

その顔は剥製《はくせい》のように、目と口をカッと開いたまま固まっていたが、開いた口の奥底でちろりと舌が動いたようにも見えたのだそうだ。

首無し地蔵

タクシー運転手の平賀さんから聞いた。

四十年前の十代後半のころであるという。

平賀さんは地元のヤンチャ仲間と毎晩、明け方まで遊びほうけていた。遊ぶといっても金などないし、金を使って遊ぶような場所もない。町内をひたすらボロい車で走りまわるだけがこのころの唯一の遊びであった。

「このへんも、そのころは今よりもっと田舎でしたからね。夜なんてだぁれも歩いてないんですよ。人の目がないから私たちもやりたい放題、運転も乱暴なもんでした。暴走族の走りみたいなもんです」

地元をふた巡りほどした、夜の二時ごろ。

平賀さんは道路に座りこんで仲間たちと一服つけていた。

道路脇には火の見櫓《やぐら》が立っている。

紫煙を目で追いながらなんとなく見上げると、上の方に白いものが動いている。

風にさらわれた洗濯物でも引っかかっているのか。

それが少しずつ、上に、上にと移動しているので、立ち上がってよく目をこらす。

あれは、子供だ。

白い服を着た子供が、ヤモリのような動きで火の見櫓を上っている。

「おお、見ぃ、子供がおるぞ」

指をさし、興奮気味に仲間に伝える。

あほ、なぁにをいっとんなぁ――はじめはそんな反応だったが、子供の姿を見るとみんな口をぽかんと開けて驚いていた。

「なにをしとんよ、ありゃ」

「ユウレイか?」

子供はみんなが目視できた。だから幽霊を見た怖さというより、珍しいものを見たという興奮があった。

約八メートルの火の見櫓をこんな真夜中に一人で這い上る子供。

異様な光景だった。

そのままじっと子供を見ていたのか、消えるかして見失ったのか。

この後のことはまったく覚えていないという。


それから数年が経ち、平賀さんは仕事の関係で地元の寺の住職と会う場があった。

あの夜の体験について、いつか本職にたずねてみたいと考えていたので好機であった。

平賀さんから話を聞いて、住職は次のようなことを教えてくれた。

火の見櫓のそばの道路は昔から事故が多く、子供が何人も亡くなっている。

立て続けに事故があって亡くなったのか、大きな事故で複数人が犠牲となったのか、
そういうことはわからないが、あそこはよく子供の死ぬ場所であると聞いている。

だから、火の見櫓で見たという子供もおそらく事故の犠牲者だろう、と住職はいった。

それを聞いた時、自分たちの暴走行為が子供を呼び寄せたのではないかと平賀さんは考えた。自分を轢き殺した車だと思って出てくるのかもしれないと。

だが、火の見櫓を上る意味は、いくら考えてもわからなかったという。

「お客さん、今、そこを通りますよ」

子供を見たという現場である。

青々と広がる田んぼを分かつ灰色の道路。

ここから平賀さんは子供を見上げたのだ。

もう火の見櫓はなかったが。

一瞬、道路脇に地蔵堂が見えた。

気になったが、向かうべきところがあるので止めてはもらわなかった。


翌日、私は仕事用の撮影を終え、滞在先の旅館まで歩いていた。

道の途中で小さな地蔵堂を見つけ、この道路が昨日、タクシーで通った道だと気づいた。

お堂の中には、一体のお地蔵さんがある。

それ自体はこれといって特徴のない、どこにでもあるお地蔵さんである。

だが、そのまわりに、見たことのない石仏が複数体転がっている。

首から下は地蔵さんを模して作った感はあるが、首から上は違う。

みんな子供の顔をしている。

薄白い顔。穴のような暗い目。

生気のない子供の首をのせた歪《いびつ》な石仏が、雑に放り出されている。

一体は首がなく、その身体は赤く塗られていた。

これは、交通事故の犠牲となった子供たちの供養のために、だれかが作ったものだろうか。

その割には、あまりに扱いがぞんざいで、不気味であった。

深い霧

天野さんの住む町が濃霧に包まれたことがあった。

伸ばした腕の指先が見えぬほど濃く、前から来る人と何度もぶつかりそうになる。

スポーツジムに向かうところであったが急に面倒になり、そばに公園があるのでそこで一服してから帰ることにした。時刻は午前十一時ぐらいだった。

向こうのほうで小さい子供たちのはしゃぐ声が聞こえる。

霧の中を、たまに小さい子が走る姿が見え隠れする。

二歳とか三歳とか、それぐらいの――。保育園の散歩だろうか。

真っ白でほとんど何も見えないこんな中を、よく遊ばせるものだなと見ていた。

五分もいなかった。

急に子供たちが静かになった。

なんだろうと様子をうかがっていたが、もう子供の声は聞こえない。
どうやら、公園内にはもう子供たちはいないようだった。
あんなに騒いでいたのに、こんなに静かに去るなんて。
よほど引率の先生が優秀なのだなと思った。
霧がだんだんと晴れていく。
そろそろ帰るかとベンチを立った。
「え。なんだよこれ」
天野さんのエナメルのスポーツバッグに小さな手の跡がついていた。
子供が近づいてきた気配などなかった。
ゾッとする。
そういえば、引率の先生の声は一度も聞こえなかった。

すいません

高場さんはその日、四年働いていたレストランを辞めた。

お世話になった先輩が店長ともめてしまい、店を辞めることになったからである。

営業時間前の店内のテーブルで、店長、先輩、そして高場さんの三人で最後の話し合いが行われた。

高場さんは店長に可愛がられていたし、信用もされていた。いろいろな場面で融通もしてくれた。昇給もしたので給料にも不満はない。

高場さんにとってこの店は悪くない環境の職場ではあった。

ただ、店長の人間性は好きではなかったし、もめた原因は誰が見ても店長が悪かった。

一方、先輩は新人のころからなにかと世話になってきたし、人間として好きだし、ここを辞めてなにか新たに始めるというのなら手伝いたかったし、一緒にやりたかった。

どちらがついていくべき人間なのかは比べるべくもない。

高場さんが辞めますというと、店長は「恩知らずが！」と怒りをむき出しにした。手塩にかけて可愛がってやったバイトが、自分に反発して店を去ろうとしている人間についていこうとしていることに怒っていたのだ。

だが、すごい剣幕だったのは最初だけで、高場さんと先輩が店を出ていくとき、店長はしおらしく奥のテーブルでガックリ頭を垂れていた。


店を出た後、高場さんは先輩と今後のことを話し合う予定だった。

「あ、先輩すいません、店にスマホの充電器をおいてきちゃいました」

「取りに行くのか？　平気か？」

「別に刺されたりとかしませんよ。スタバで待っててください」

高場さんが走って店へ戻ると、もう営業時間のはずなのに店のドアに『準備中』の札が出されていた。

ドアベルが鳴らないよう、そうっと店内に入ると、幸いなことに店長はいなかった。

店の中は薄暗く、来ているはずのバイトの子たちがいない。

このたびのことでショックを受けて、勝手に定休日にしてしまったのだろうか。

スタッフルームへ行って充電器を回収した。

店長が戻ってくる前に店を出ようと入口へ向かおうとして、それが目に入ってしまった。

カウンターテーブルに並べて置かれた、自分と先輩の証明写真。

履歴書から剥《は》がしたものだろう。くるんと反り返っていた。

（こんなの剥がして並べて、どうする気だよ）

不吉なものを見てしまった気がした。

店長室のほうから引き出しを漁《あさ》るような音がする。

（ヤッべ、店長いんのかよ）

やにわに店長室のドアが開いたので、高場さんは慌てて近くの観葉植物の陰に隠れた。

店長はぐすぐすと洟《はな》をすすりながら、両手になにやらたくさん抱えてやってくる。

抱えている物をカウンターにがらがらと落とすと、独り言を言いながら持ってきたハサミやカッターを品定めしている。

自分たちの写真とあれらの道具で、これから店長が何を始めるつもりなのか、高場さんはなんとなく予想がついてしまった。そして、予想通りのことが始まった。

店長は小学生の工作のような集中力で二人の写真を丁寧に切り刻んだかと思えば、「十六連射！」と叫びながらアイスピックで写真をカウンターごと突いた。

「あ、バーナー」

店長は思い出したように立つと厨房へ入った。

この隙に高場さんはドアベルが鳴らないようにそっと店を出て行った。


駅そばのスタバで先輩と合流し、先ほど見た光景を話した。

話しながら、今この瞬間も自分の写真が切られたり刺されたり焼かれたりしているのかと思うと落ち着かなかった。

「顔色悪いぞ、高場、大丈夫か」

「あいつ、僕たちに呪いをかけてましたよ」

「呪いなんて思い込みだよ。なんにもできないから俺らの写真に仕返ししてるだけだよ」

わかってますけど、そう言いかけて、高場さんはゲロを吐いた。

先輩に家まで送ってもらっている間に二度、吐いた。

自宅でも三回吐いて、こんなことは今までなかったことなので、高場さんは完全に店長にやられたと思って恐ろしくなった。

寝れば治るかと寝て起きてみたら、喉から胸にかけて違和感がある。

飲み込みたいのに飲み込み切れない異物が喉に詰まっているみたいで、病院にもかかったが半夏厚朴湯《ハンゲコウボクトウ》などの漢方ばかりを勧められた。

胸や喉に球があるような違和感はストレス球といわれるものらしい。

今まで縁のなかったメンタル系の病気になっていたことに衝撃を隠せなかった。

なにもかも、店長の呪いのせいだと思った。

目を閉じると、店長が自分の目をアイスピックで刺し貫くイメージが浮かぶ。

自分の顔のわら人形に釘を打ち込む店長を想像してしまう。

そんなさなか、歯を磨いていたら前歯が取れた。

今までで、これが一番怖かった。

高場さんは、このままでは本当に店長に呪い殺されると震える。

殺されるくらいなら、先に殺しに行こうと考えるまでに追い詰められていた。

「店長が入院したよ」

ある日、先輩から伝えられた。

前の店で働いているバイトが先輩に連絡をくれたのだという。

「自宅での火事らしいよ」

「け、けがの程度は⁉」

「そんなにひどくないとは聞いてるが。まあ、あいつのことだから、なにしたって死なないとは思うけど……」

高場さんは先輩の電話を、半ばパニック状態で聞いていた。

もし、店長が亡くなるようなことになれば……。

自分にかけられた呪いはどうなるかと恐ろしくなったのである。

高場さんは入院先を教えてもらい、後日、店長に直接謝罪をしたという。

「許してくれました。写真に呪いをかけていたところも見ましたって正直に話したんです。そうしたら、体調もどんどん良くなっていきました。やっぱり、謝るって大事なことなんだなぁって」

「ちょっと、いいですか」

私は気になっていたことをたずねた。

「先輩も写真をいろいろされていたんですよね？　でも、先輩にはなにも起こらないのは変だなとは思いませんでしたか？　先輩は謝ってはいないんですものね？」

正直に書けば私は高場さんのお話は「思い込み」の怖さだと思って聞いていた。

店長はもともと呪いなどかけてはおらず、すべて高場さんの思い込みから始まったことで、そして、思い込みで終わる話なのだと。

高場さんは笑いながら答えた。

「先輩に何も起こらなかったとは言ってませんよ。今、車椅子ですから」

スーツケース

二年前、九条さんは自宅付近の大通りを、轟音《ごうおん》を響かせてスーツケースを引く一団が川方面に向かっていくのを見た。
十二、三人で、半数以上が髪の長いお爺さん。
スーツケースにはビニール傘やアルミ鍋といったものが括《くく》りつけてある。
彼らがホームレスの集団なのだというのはわかったが――。
スーツケースがわからない。
安いものではないし、そうそう落ちているものでもない。
流行なのだろうか。家財を運ぶのに便利だから？
カラフルなスーツケースの一団からしばらく目が離せなかった。

一カ月もせずに彼らと再会した。

川の土手のコンクリート面にキャスター音を響かせている二人のホームレス。

二人で一つのスーツケースを引いているので夫婦かと思ったが、どっちもお爺さんである。

かと思ったら、ちょっと目を離したすきに五人になっている。

十秒も目を離していないうちに三人のホームレスはどこから現れたのか。

見通しのよい土手なので、いれば絶対に気づくはず。

――と、また目を離しているうちに二人になった。

しかも、今度はさっきの人たちではない。違う組み合わせだ。

え、じゃあ、他の三人はどこいった?

目を離したすきに増えたり減ったりするなんて……。

こんな手品みたいなものを見せられたら。

もうスーツケースが怪しくて仕方がない。

そんな奇妙な光景を見たことも九条さんはすっかり忘れていた。

だから深夜の自宅付近のマンションのゴミ集積場に、ほぼ新品の二台のスーツケースが捨てられていても、もったいないな、売ったらいいのに、程度にしか思わなかった。

立ち去ろうとした九条さんの耳は、なにかを聞いた。

なんの音だ?

どこからだ?

捨てられているスーツケースの一つに耳を近づける。


こふ、こふ、こふ、こふ、こふこふ、こふ、こふ、こふ、こふ、こふ、こふ、こふこふ、こふ、こふ、こふ、こふ、こふ、こふ、こふこふ、こふ、こふ、こふ、こふ、こふ、こふ、こふこふ、こふ、こふ、

スーツケースの中から十人以上の呼吸が聞こえてきた。

なぜあの時に、中身を確認せずに立ち去ってしまったのか。

今はとても後悔しているという。

愛しくなる人形

十年以上前の夏。

水島さんは知人から「赤ん坊の人形」を預かることとなった。

本物の赤ん坊のサイズで、重さもずしりとあり、細やかな刺繍《ししゅう》の入った服を着ている。

おそらく外国製で（表示がない）、アンティークではないのだが、それまで保管場所がよくなかったためか、ひどく汚れており、全体的に古く見えた。

服には血にも見える茶色い染みがついており、開閉する作りの瞼も片側が開いたままになって、角度によっては引き攣《つ》った表情に見える。

なぜそのようなものを預かることになったのか。

理由はつまらないことである。

知人の彼女が、この人形を大変嫌っているのである。

たまに視線が合うとか、さっきと向きが違うとか。

そのうち髪が伸びているとかも言い出しそうな勢いの嫌いっぷりなのだという。

とにかく妙な言いがかりをつけ、処分をして欲しがるのだそうだ。

知人宅に来るたび、その彼女は「捨てるか売るかしてよ！」としつこく迫るので、このままでは勝手に売られるか捨てられる運命。

しまいには、人形を捨てるか別れるかと究極の選択まで突きつけてきた。

この人形は、ある国のフリーマーケットで見つけ、一目ぼれしたものらしい。

捨てる気も売る気もさらさらないが、彼女のことも無視はできない。

「うちワンルームだから収納場所がないんだよ。預かり賃出すからさ、頼む！」

仕方がなく預かることにしたのだが――。

水島さんは映画でも漫画でも怖い系が大の苦手である。

いかにも動き出しそうな気配を帯びたこの人形を完全に持て余していた。


しかし、数日後。

人形は自宅寝室のベッドサイドテーブルに置かれた。

水島さんはこの人形になれてきて、怖いとは思わなくなったのである。

それには理由がある。

ある時、ふと人形の横顔を見ると――誰かに似ている。

横顔をじっと見つめること数十分。

自分が赤ん坊の時に似ていることに気づいたのである。

そうなると、印象もガラリと変わってくるもので。

（もしおれに子供がいたら、こんな感じかな……）

そう考えたら、愛しさまで感じる。

外国の人形が神奈川の僻地で生まれた赤ちゃんに似ているというのも不思議な話だが、他人の気がしなくなっていたのだという。

また、知人の彼女が言っていたように、たまに視線が合う。

しかも何度か、両目をパッチリと開いた状態で目が合っていた。

こんなに愛らしい瞳を持つ子を捨てるか売れだなんて、知人の彼女はどうかしていると思った。

「この子さ、誰かに似てない？」

実家へ帰った時、水島さんはスマホで撮った人形の写真を母親に見せた。

母親はちょっと見て、

「あんたはこの世で一人で充分」

興味なしといった様子で、それっきり画像は見なかったという。

水島さんの母親はあまりお気に召さなかったようだ。


水島さんは血のようなもので汚れた服を替えてあげたいと考えた。

そこで、ドールショップ――へは行かず、赤ちゃん用品店へ行って肌着を購入。

しかし、人形の服をどう脱がせていいのかわからない。ボタンのようなものもない。

本体と着衣が縫い付けてでもあるのか、脱がせられる取っかかりがない。

着替えは断念し、買った肌着は未来の本物の我が子のために保管しておくことにした。


こうしてすっかり、我が子のように大事な存在となった人形。

そうなってくると、離れがたくなる。

めでたく知人が例の彼女と別れ、人形を引き取りに来た。

水島さんは名残惜しさに、最後に〝わが子〟を抱いた。

一方、知人のほうは久しぶりの再会だというのに、うかない顔である。

「これ、俺の人形じゃない」

じゃあ貰えるのかと期待したが、知人はしっかり持ち帰った。


それからほどなくして、水島さんは結婚、一子を授かる。

「あの人形のおかげで、子供が欲しいなと思えたんです。もともとそういう目的で作られた呪物みたいなものなのかもしれませんね」

非合法なやり方で製造されていなければいいいんですが――。

その点が少し心配であるという。

幻虫　1

以前、浅谷さんは交際を始めたばかりの彼女とこの繁華街を歩いた。

マニアックな店が多いのでアングラなデートを楽しむには最適の街なのだが、二十一時を越えると飲み屋街から流れてくる酔っ払いやガラの悪そうな輩《やから》が増えてくる。

駅方面に戻ろうと二人は近道の街路に入った。

すると、前の方から、泥酔した老人がよろよろと二人に近寄ってきた。

老人は二人の顔を見るなり、卑猥《ひわい》な言葉を投げつけてくる。

忌々《いまいま》しいが、構うのも時間の無駄。「はいはいごくろうさん」と彼女の腕を引いて老人をよけていった。

「おわっ」「くらっ」「くんなっ」「あっちいけっ」

後ろで騒ぐ声がする。

見ると、さっきの老人である。

身体からなにかを払い落とそうと、顔を真っ赤にして必死になっている。

顔の前にいるものを手で追い払い、足や肩にとりつくものを叩いて払おうと、まるで踊っているような動きをしていた。

浅谷さんたちには、払っているものの姿は見えない。

「ねぇ、あれ、幻覚でも見てるの？」

「飲みすぎなんだろ。いこうよ」

――と、その時、二人のいる街路に風が吹き込む。

嫌な臭いの風だった。

浅谷さんの耳を羽音がかすめていく。


ヴヴヴ、ヴ、ヴヴヴヴ、ヴヴヴヴヴヴ、ヴヴヴ、ヴヴヴ

「うわっ」

「ヤダッヤダッ」

群がる虫を払おうと手を振りまわす。脚で蹴りまわす。
そうしてしばらく二人は、見えない虫をいつまでも払い落としながら踊っていた。

幻虫　2

友人が異様に家賃の安い物件を借りたというので、三倉さんは冷やかしてやろうと泊まりに行った。

着いてみて驚いた。一人暮らしにはあまりに贅沢な部屋であった。それで家賃月四万五千円。敷金礼金なし。

部屋数、広さ、外観からも、絶対に一人か二人は死んでいなければおかしい家賃である。

「こりゃ、首吊りかな、いやいや、殺人かも」

「やめろっ、おれ明日から一人で寝るんだからよ」

「いいじゃん、一緒に寝てくれるかもよ」

三倉さんは部屋を見渡し、きれいだなぁ、と思った。

きれいすぎる部屋は、怪しい。

ニヤリとする。

「なあよお、今から一緒に、死んでそうな場所探そうぜ」

「それは頼むからやめてくれぇ！」

バスルーム、クローゼット、ベランダ――。

死んでそうな場所に怪しいシミや残留物がないかを探してまわる。

「うーん、見つかんねぇなー、つまんねぇー」

「そりゃそうだよ。全部リフォームしてんだから見つかったら困るわ」


その深夜。

尿意で目覚めた三倉さんは、寝ている友達を跨いでトイレへ行った。

「フゥー」

小用を終えて、しばらくトイレの中でケータイをいじっていた。

ヴ……

ヴ……ヴ……

その音に気付いた三倉さんは、ゆっくりズボンを上げながらトイレの中を見回す。

ハエがいるのか。

それにしても、ウォシュレットはついているし、タンクもパイプもペーパーホルダーも新品。全部をリフォームしているといっていたが、とくにトイレは何もかもが新しい。その新しさには違和感を覚えずにはおれなかった。

ヴ、ヴヴ

ヴ、ヴヴヴ、ヴヴヴ

やはり、これはハエの羽音だ。

だが、トイレの中で聞こえるのにトイレにはいない。

ヴヴヴヴ、ヴヴ、ヴヴヴヴヴ、

ヴヴヴヴヴヴヴヴ、ヴヴヴヴヴ、ヴヴヴヴヴ、ヴヴヴヴヴ、ヴヴヴヴヴ、ヴヴヴヴヴ、ヴヴヴヴヴ、ヴヴヴヴヴ、ヴヴヴヴヴ、ヴヴヴヴヴ、ヴヴヴヴヴ、ヴヴヴヴヴ、ヴヴヴヴヴ、ヴヴヴヴヴ、ヴヴヴ

ヴヴ、ヴヴヴヴヴ、ヴヴヴヴヴ、ヴヴヴヴヴ、ヴヴヴ

三倉さんは大量のハエの羽音に巻き込まれた。

うわあああああああ――叫んだつもりが、声が出ない。

それどころか、身体を動かせない。

三倉さんは立ったまま金縛りに遭っていた。

見えない無数のハエに群がられる。見えないだけで感触はある。三倉さんが動けないのをいいことに、無遠慮に耳に鼻に目に口に潜り込んでこようとする。

（あっちいけ！　あっちいけぇぇぇぇ！）

トイレのドアが開き、寝ぼけ眼の友達と目が合う。

友達は顔面蒼白になり、どたーんと尻もちをついてトイレの前でへたり込む。

（おいっ、たすけて！　たすけてくれ！　動けないんだよ！　こいつらを追い払ってくれ！　あっちこっちに潜り込んでくるんだよ！）

友達がそうっと下から覗き込んでくる。

「――三倉？」

※

友達はトイレを開けた瞬間、三倉さんを見て、そこに首吊り死体がぶら下がっているように見えたのだという。

トイレがどこよりもきれいで新しいのは、そういうことなのだろうと理解した。

三倉さんはこの夜、首吊り死体になってハエに群がられる体験をしたのである。

質

横浜市のタクシー運転手・木浦さんから聞いた。

ここ一年ほど、よく金縛りに遭うという。

「はじめは怖かったものですが、慣れって怖いですね。それが当たり前になっちゃうから、たまになかったりすると自分の身体が心配になったりするんですよ」

だが、そうも言っていられなくなっているという。

一カ月ほど前から、金縛りの質が変わってきたそうなのだ。

「それまでは意識はあるけど動けないという程度でしたが」

今は全身を石膏で塗り固められるような拘束感を覚えるのだという。

そして、その金縛りに遭っている間は、じっと凝視されているのだそうだ。

「数日前にもあって――」

いつもは、いちいち報告などはしないのだが、視線が日増しに殺伐としてくるのを感じるので、金縛りのことを妻に話したのだという。すると――。

「それ、たぶん、お母さんだよ」

妻にはここ一カ月ほど前から、気になることがあったという。

寝室にある義母の写真の入ったフォトフレームの位置が、いつも動いているらしく、

「最近はお母さん、あんたのほうばかり向いてるんだよね」

三年前に亡くなった義母は、フォトフレームの中で優しい笑顔を浮かべている。

その笑顔の裏で、自分がどんな感情を抱かれているのかと思うと、不安でならないという。

「心当たりがないだけに、その感情が計り知れないんです。お義母さんの勘違いだといいのですが」

ミラー越しに疲れた笑みを浮かべた。

鬼婆

日本海側のTという町へ取材に行った際、宿泊先の旅館の主人と親しくなった。

名刺代わりに自著を渡して来訪した目的を伝えると、ぜひ行って欲しいところがあるという。

この町で生まれ育った主人が、幼少期からずっと気になっている場所があるらしい。

「行きたくても、私は絶対に行っちゃいけない場所なんです」

含みのある言い方が気になった。


明朝、その場所が見えるところまで案内してもらった。

旅館から三十分ほど車で行くと、海が望める見晴らしの良い高台に出た。

「あそこです」

主人が行きたくても行けない場所とは、沖合にぽつりとある小さな島だった。無人島だという。

「あの島には鬼婆がいるんだぞと、近所に住む婆さんからそれはもう毎日のように聞かされたもんです。子供のころは怖くってねぇ」

私は感動していた。

語り手の高齢化により、地域の伝承が次世代に語り継がれることは少なくなった。その土地に根付く伝承を調査するには、今は、すでに編まれている民俗資料から発掘するやり方が主になる。だから、このような原体験をお持ちの方と出会えるのは大変稀《まれ》で貴重なことなのだ。

私はメモを取りながら質問をしていった。

「この地域には元々、鬼婆伝説があったんですか？」

「いや、私は知らないですね」

主人は趣味で地元の民俗誌などを調べているそうだが、無人島の鬼婆の話はいまだに見つけられていないという。

「子供が攫《さら》われたとか、神隠しのような伝承もありませんか？」

「天狗《てんぐ》の話ならあったかな。でも鬼婆の仕業とされるものは知らないですね」

無人島の鬼婆は近所の婆さんの作り話だったのだろうか。それはそれで面白いが。

「なんであんなに怖かったのかなぁ」

無人島の鬼婆が人をとって食うとか、子供を攫うというような話を、その婆さんからは聞いた覚えがないという。

ただ「島には絶対に行くな」と釘を刺され、行けば絶対に怖い目に遭うぞと脅かされた。どんな目に遭うのかは話してくれなかったし、聞きたくもなかったという。

「鬼婆があの島にいるということが怖くて、海で隔たれていてもまったく安心できませんでしたね。いつか島を渡ってやって来るかもしれないってね。夕方になったら、どんなに楽しい遊びをしていてもパッとやめて、走って家まで帰っていましたから」

そんな鬼婆のこともやがて忘れていき、大人になって、働くために都会へ出て、結婚をし、子を二人儲け、十年ほど前に家業の旅館を継ぐために地元へ帰った。

その後、本格的に旅館を継ぐこととなり、この地で骨を埋める覚悟もできたので、自分の生まれ育ったこの土地のことをもっと知ろうと端から端までまわった。

そして、この場所から鬼婆の無人島を数十年ぶりに見た。

子供のころの思い出が、次から次へと蘇ってきたという。

その記憶をたどって、鬼婆の話を聞かせてくれた婆さんの家を探してみた。

婆さんの家は残っていたが、何十年も人の住んでいないお化け屋敷になっていた。

表札もないので名前もわからない。

親に聞いてみると、そんな婆さんなんか知らんという。

あの家に住んでた婆さんだよといっても、知らん知らん、あの家はずっと空き家のまんまやといわれた。

もう親も高齢なので忘れているのだろうと地元の友人に聞いてみたが、この町を一度も離れていない友人からも知らないといわれた。そんな話をお前から聞いたことがないと。

「婆さんちで友達とスイカや桃をたらふく食べた記憶もあるんですが、誰と行ったかを覚えていないんです。連絡つきそうなヤツにはみんな聞いてみたんですけどね……」

婆さんの存在が住人たちの記憶から完全に風化してしまっただけなのか。

婆さんも鬼婆の話も、幼少期の主人の想像が産んだものだったのか。

今となっては確かめるすべはない。

「あの婆さんが鬼婆だったのかもしれません。島に帰っちゃったのかな」

行くなと言われたので、たぶん、死ぬまで無人島には行くことはないだろうと主人はいった。

謎のひげじい

ひげじいというあだ名の同級生がいた。

赤白帽のゴムを鼻の下に引っ掛ける癖があり、よく髭のような赤い跡ができていたからである。

朝礼中に先生の手を振り切って勝手に教室に戻ったり、授業で使う芽の出たジャガイモを壁に投げつけてみんなを驚かせたりするような男の子なので校内でも有名だった。

行動は少々変わっていたが、そこまで変人というほどでもなかった。

無口でなにを考えているかわからないヤツだけど、クラスでもトップレベルで頭がよかったし、絵画コンクールでは賞をもらって朝礼で表彰されていた。きっと今なら天才肌といわれていたかもしれないが、当時は奇人の扱いしかされていなかった。

福岡さんはひげじいとの思い出はほとんどない。

喋ったこともあったかどうか、覚えていないぐらいである。

容姿の印象も限りなく薄く、卒業アルバムを見てもピンとこない。特徴らしい特徴のない顔なのである。

福岡さんがよく遊んでいた五、六人の友達グループは、よくひげじいを囲んで騒いでいたが、それは遊んでいるというよりイジメの一歩手前の弄《いじ》りであった。

一緒にいると周りからイジメに加担していると思われるので、そういう時だけは離れて遠くから見ていた。


中学に入るとひげじいの姿を見なくなった。

頭のいい学校へ行ったのだろうと思っていたが、

「あいつ、入院してるよ」

友達から聞いて初めて知った。

病気か怪我かも知れない。なにしろ、彼に興味がなかった。二年生になって彼が復学すると聞いた時も「そんなやつもいたな」ぐらいの関心の薄さだった。

二学期のはじめごろ、ひさしぶりにひげじいの名を聞いた。

「ひげじいんち、行かん？」

ある日、急に誘われた。小学生のころにひげじいを弄って遊んでいた友達からである。

彼らはまた、ひげじいにちょっかいをかけているらしい。

断ればよかったものを、福岡さんは別にいいよと軽く答えてしまい、その週の土曜日に四人でひげじいの家へ行った。

当たり前だが、普通のどこにでもある家で、貧乏だとかゴミだらけだとか臭いとか、馬鹿にするネタはなんにもなかった。ただ、とても静かで、みんなで遊んでいる部屋以外の電気はついていなくて家全体が暗かった。

家に弄るところがないので退屈した一人が暇つぶしのアイデアを思い付いた。

「おいっ、ひげじい、ひげダンス踊れ、カトちゃんやれ」

ひげじいは困った顔をしていた。

「やれよ、でーれでーれでってでーれ♪　でってでーれでってでーれ♪」

ひげじいはやらない。できないのだ。

テレビを見ていないのだろう。ドリフターズもカトちゃんも全員集合もひげダンスも知らないのだ。

別の一人がひげじいの体操着袋から勝手に赤白帽を引っこ抜いて、彼に投げつける。

「得意だろ？　ひげダンスしろよ」

ひげじいはどうしていいかわからず、赤白帽を手で持て余していたが、みんなが「やーれっ、やーれっ」と手を叩いて囃《はや》すので、仕方なくといった切ない顔で赤白帽のゴム紐を自分の首にひっかけて舌をベロンと出した。

「ちげぇよ、なんだよそれ、ダンスだよ！　踊れって！」

ひげじいはまた、赤白帽のゴム紐を首にひっかけて舌をベロンと出した。

「もういいよ……言葉も通じねぇのかよこいつ」

みんな興醒めした様子で、ひげじいに背中を向けた。


たいしてすることもなく、みんなが退屈そうに彼の部屋の漫画本を読み出したころ、なにか理由をつけて福岡さんは一人、先に帰ることにした。

帰り際、玄関近くの部屋にいた父親らしき人に深々と頭を下げられ、丁寧に挨拶をされた。福岡さんも丁寧に挨拶を返した。

翌週明けの朝。

友達グループの一人が暗い表情で福岡さんに「よお」と手を上げた。

「きいた？　ひげじいの」

ひげじいの父親が死んだという。

こいつはなにをいってるんだとさすがに腹が立った。

さすがにそれは不謹慎だろ、と。

だが、それは不謹慎なネタでもなんでもなく、起きていた事実だった。

ひげじいの父親は数日前から家に帰っておらず、親戚が警察に捜索願いを出していた。

しかし今朝方、ひげじいの父親は山の中で首を吊った状態で見つかったのだ。

「あいつ、確か、お父さんと二人暮らしだったよな。どうすんだよこれから……」

玄関で会った、自分みたいな子供にでも、すごく丁寧に挨拶してくれた大人は誰だったのか――ということよりも、あの日、みんなに追いつめられたひげじいが、赤白帽を使ってやって見せた、首にゴム紐を引っかけ、舌をベロンと出す行動がいったいなんだったのかということのほうが謎として残った。

げんこつ

「八年前に母親を、五年前に父親を亡くしています」

両親の命を奪ったのはガンであるという。

豊継さんは自身の身体にも不安を感じ、父親が亡くなった年から喫煙量をそれまでの半分以下にまで減らしていた。

一方、豊継さんの弟は楽観的で、自分は死ぬまで健康なのだと根拠のない自信を持っていた。だから、煙草も酒も減るどころか年々、増えていた。

「弟はよく父親に叱られて、げんこつをくらっていました。結構な大人になってもね、少しは生き方をまじめに考えろって。だからあいつ、たまに実家に帰ってきても、父親と出くわさないよう、こそこそしていましたよ。見つかったら雷とげんこつを落とされますからね」

そんな弟が二年前、実家にふらっとやってきて、こんなことを言い出したという。

「おれ、当分、酒をひかえようかと思ってさ」

豊継さんは驚いた。そんな言葉は弟の口から一生聞くことはないと思っていたからだ。

「本気か？　いったいどういう風の吹き回しだ？」

「いや、その額縁がさぁ――」


実家の居間の壁に掛かっている額縁のことだ。

父親が勤め先の会社で授与された賞状が入っている。いろいろ貢献していたらしい。

褒められなれていない父親は、よほど嬉しかったのだろう。家の中で一番、自分の目に入る場所に掛けたのだ。

仕事から帰ったら、それを見ながらくいっと一杯やる時間を、毎日楽しみにしていたんだろう。

「この額縁がなんだって？」

「今はまっすぐだけど、俺が見るとよく傾いてんのよ」

実家に帰るとなぜだか、まず額縁に目が行く。

すると、少しだけ左側が下がっているので、そのたびに直しているのだという。

「いいことをしてるじゃないか。珍しい」

「それがどうも、親父からのメッセージに思えてならないんだよ。ほら、おれ逃げ回ってばっかだったから、聞き損ねている親父の言葉もあるはずだろ？」

それにしても、傾いた額縁が亡き父からのメッセージとは、ずいぶん飛躍した発想だと思ったが、「いいんじゃないか」と弟の断酒に賛成した。


「しかし、俺は傾いているところなんて見たことないな」

「アニキはちゃんとしてるから、とくに言うことないんだろ、親父も」

「ちゃんとなんてしてないよ。普通にしてるだけだ。それより、禁酒はいつからだ？

今日からなら、うちでの晩酌もなしってことだな」

「へ？　うーん……来年からでいいかな」

カタン
額縁の左側が下がって傾いた。

「わ、わかったよ、親父」

弟が居心地悪そうな顔で額縁の位置を直した。

——ということがあったが、結局、弟は今も好き放題しているという。

「額縁が左に傾くのは、親父のげんこつなのかなと思います。あいつ、もう何年も前に死んだ親父に今でも叱られてるんですよ。ほんとガキですよ」

豊継さんは今年からもう少し、煙草の量を増やすつもりだという。

父親のげんこつをもらう弟が最近、羨ましいのだそうだ。

自販機ばあさん

「この話をするとみんな笑うんですが……」


以前、古木さんの住んでいたマンションの前に奇妙な自販機があった。

聞いたことのないメーカーの飲料ばかりで、オール百円と安価であるが、一度飲んだメロンソーダが微妙だったので、それ以来買っていない。

この自販機は古木さんが前を通ると、切れかけの蛍光灯のように明かりが明滅する。

離れたところで見ているとそうはなっていない。

古木さんがそばを通ると百発百中でパチンパチンと明滅し出す。

しかし、他の人が前を通ってもそうはならない。

部屋のベランダから自販機を見ると、たまにこちらに気づいたように明滅することもあるという。

はじめは気にしていなかったことも、ここまでくると違ってくる。主人が帰って喜ぶ犬みたいで、だんだん可愛くなってくるのだという。

「これを人に話すと、まあ、笑われますよね。あと心配されるか。後者が多いかも。でも、本当なんですよ。あとはまあ、静電気じゃないかって人に言われます。あ、やっぱりそう思いました？　ですよね？　いえ、いいんです。僕もそういうもんだろうって思ってはいたんで」


いつからかその自販機の横に、腰の曲がった高齢のホームレスが立つようになった。

いつもいるわけではなく、自販機の横に立つのは夜だけで、粉コーヒーが入っているようなガラス容器を抱え、たまにその容器の中に手を突っ込んで何かを食べていた。

ほっかむりをしており、魔女みたいに鼻が高いので外国の人かもしれないと思っていたという。

ある夜更け。

就寝しようと布団に入ってから、ふと自販機のお婆さんのことが気になった。

あのお婆さん、いつもあそこに立っているけど、なにしているんだろう。

あの場所で寝ているのだろうか。

「別に僕はおばあちゃん子でもないし、いつも見るなぁってくらいで、なんの親しみもなかったんですが、昨今のホームレスを虐め殺すみたいな輩は許せなかったので、ちょっと心配になったんです」

一服つけるついでにベランダに出て様子を見てみた。

お婆さんは自販機の横に立っていた。

数時間前に見た時と、まったく同じ位置、同じ姿勢である。

まさか、ずっとああして何もせずに立っているのか。

古木さんに気付いたのだろう。

自販機が明滅しはじめた。

それに合わせて、隣のお婆さんも明滅していた。

古木さんは反射的に部屋に引っ込んでカーテンをしっかりしめた。

しばらく、どういうことなのかと考えた。

「自販機とお婆さんが連動していたんです。目の錯覚かと思って何度か確認したんですが、やっぱり、なるんです。自販機の化身なんでしょうか」

古木さんが引っ越すまで、その自販機とお婆さんはずっと同じ場所にいたという。

今もその自販機が残っているのかはわからない。

死んでほしい

あかりさんが高校時代の話である。

同じクラスに加藤という危険人物がいた。

見た目はどこにでもいる普通の男子高校生。子供が大好きで、夢は保育園の先生。

ここだけ聞くと好青年のイメージだが、彼は若くして「恋愛対象は幼稚園児」だと公言してはばからない異常な人間であった。

あかりさんは彼の斜め後ろの席で、たびたびその偏執的な部分を垣間見ていた。

授業中に先生がなにかの流れでミヤザキツトムの名前を出すと、加藤は自らの口を手でふさぐと肩を震わせ、こみあげる笑いを抑えていたという。世間を震え上がらせた幼女誘拐殺害事件の犯人の名前のどこに笑う要素があるのか、あかりさんには理解できなかった。

幼児が好みというだけで要注意人物だが、加藤は嗜虐的な欲求の対象としても見ている節があった。こういう性癖を彼は一切包み隠そうとせず、あまりに明け透けに周囲に語るので、はじめは誰もがふざけているのだと思うのだそうだ。そして、彼が本気なのを知ると、避けるようになる。


加藤はそう遠くない日、絶対に性犯罪で捕まるだろうとあかりさんは思っていた。

幸い、卒業後もそんなニュースは聞かず、彼のことも忘れたまま数年が経った。


あかりさんは専門学校を卒業後、夢の海外留学のために実家暮らしを続けながらバイトの日々を送っていた。

ある日、バイト帰りに高校時代の同級生と偶然会い、思い出話が尽きなかったので、そのままあかりさんの家で続きを話すことになった。

卒業アルバムや修学旅行の写真を見ながら学生時代を懐かしんでいると、

「うえっ、加藤いんじゃんよ」

友達が修学旅行の写真の一枚をあかりさんに見せてきた。

あかりさんと数名の女子が揃ってポーズをとっている一枚。その後ろにいる男子生徒の顔だけが、なぜか指でこすって伸ばしたみたいにブレている。でも、加藤だとわかった。

「うーわ、ほんとだ。なんで気づかなかったんだろ」

「こいつ写ってるの、全部こんなんじゃなかった？」

そうだ。加藤の顔だけこんな風にブレて写っていて、女子からは心霊写真だと気味悪がられていた。

「これ、わざとだよ絶対」

きっとカメラを向けられたら、シャッターを切る瞬間に顔を大きく振っていたのだろうと、友達は言う。そうでなければ、全部がこんな写真になるわけがないと。

歪んでいる男だな、あかりさんは思った。

みんなの思い出の中にまで、こんな気持ちの悪いものを残していくなんて。

友達の言うように、これは嫌がらせだ。

本当に陰険で気持ちが悪い男だ。あかりさんは吐き気を覚えた。

「早く捕まって死刑になってほしいわ」

友達は顔をしかめ、加藤への嫌悪をむき出しにし、続ける。

「どうせそのうちなんかやるし、あいつ。子供生まれて、あんなのに目ぇつけられたらと思うとゾッとするよ。この写真見てるだけでムカついてきたんだけど」

「じゃあさ、こうしたらよくない？」

あかりさんはハサミを持ってきて、自分と友達のところを写真から切り抜いた。

他は丸めてゴミ箱に放り込んだ。


「あかりっ」

その晩、眠っていたところを激しくゆすり起こされた。

友達が慌てた様子で何かを伝えようとしている。

部屋の中が、薄く白く煙っている。

かじぃ、かじぃ、と友達が叫んでいるので、「火事⁉」と起き上がった。

火は出ていなかった。

煙に気づいて友達が開けたのか、窓が全開になっている。そこから煙が逃げていた。

煙が外に吸い出されると、煙はゴミ箱から発されていることがわかった。

手近にあるペットボトルを掴むと、飲みかけのお茶をゴミ箱の中にシャバシャバとかけ、洗面所からもコップで水を汲んできて何度かかけると煙は立たなくなった。

火元は不明だが、写真から切り抜いた加藤の顔が焼けていた。

あかりさんと友達は泣きながら抱きあった。

気づかずに寝ていたら、二人とも死んでいた。

「加藤だよ。あいつが私たちのこと殺そうとしたんだよ。この写真から私たちの話を聞いてたんだよ、あいつに焼き殺されるところだったよ」

信じられないようなことを、友達は唇を震わせながら訴えてきた。

確かに、煙草を吸わない自分たちの部屋から火が出た理由がわからない。

思い出の中から蘇った加藤は、以前にも増してさらに不気味な存在になってしまった。

六畳間のカーテン

「部屋のカーテンが勝手に開くんです」

冬美さんは困り果てている。

このカーテンは窓に掛けてあるものではない。

次のような経緯で、部屋の入り口に掛けられたものである。


数年前まで寝たきりの義母を自宅で介護していた。

六畳一間を大きく占める介護用ベッド。その上が義母の居場所であった。

はじめの頃はよく、

「ああ、部屋から出たい、外を歩きたい」

そう言ってくれていたので、天気の良い日は車いすで公園や川沿いの道を散歩したが、次第にそれが冬美さんへの負担になると考えたのか、「出たい、歩きたい」の二語を口にしなくなっていった。

その気遣いがだんだんと義母の中で意味が変わってきてしまい、「散歩に行きませんか」と誘っても頑《かたく》なに車いすに乗るのを拒むようになった。

そしてこれが末期になり、家どころか部屋から出るのも嫌がるようになってしまったのだ。

「息子が二人いるんですが、当時はまだどっちも小学生で、義母の状況をあまりわかっていなかったんです。『どうして、おばあちゃんは部屋に閉じ込められてるの？』なんて聞かれて困ったこともありました」

六畳の部屋から義母が出るのは週に二度。訪問入浴介護が来た時だけである。

この時はさすがに渋々とだが、部屋から出ることを受け入れていた。

その出入りの際、少々煩《わずら》わしいことがあった。

六畳の部屋には厚い開き戸があり、義母を運ぶ時によく引っかかるのだ。

そこも含め、部屋を全体的にバリアフリー化したかったが、そのためには二日ほど、義母に部屋を空けてもらわなければならない。義母がそれを了承するとは思えない。

そこで、自分たちで開き戸を取り外し、長押《なげし》にカーテンレールを取り付けて厚めのカーテンを扉の代わりとして掛けた。カーテンを厚めにしたのは子供の声がうるさかろうとの配慮である。

おかげで、義母の出入りは楽になった。

そのカーテンが、半分ほど開いていることがよくあった。

義母がベッドから一人で下り、カーテンを開けることはない。

その時は息子たちだと思った。

義母からお小遣いをもらうため、部屋を出入りしているのをよく見たからだ。

冬美さんは二人に「おばあちゃんの部屋を出る時はカーテンを閉めなさい」としっかり言い聞かせた。


ある晩のこと。

読書をしていると、シャッと音がし、「えっ」と振り返った。

義母の部屋のカーテンが半分ほど開いている。

カーテンレールをランナーがすべった音だった。カーテンが勢いよく開かれたのだ。

だが、二人の息子は二階で寝ている。夫も入浴中であった。

義母がベッドから下りて開けるわけがない。

念のため見に行ったが、義母は静かに寝息を立てていた。起き上がった様子もなかった。


ある時は、眠っている義母の様子を見に行き、部屋を出てカーテンをしっかりと閉めたことを確認してから行こうとした直後、後ろでシャッと開いた。

そんなことが、義母が亡くなってからも続いているという。

二日前にもあったそうだ。


冬美さんは夫にも相談している。しかし、これがとても深刻な状況かもしれないということを、夫はまったくわかっていないのだそうだ。

「母さんが寂しがって開けるんだろ。大目に見てやれよ」

「なに言ってるの？　これはお義母さんがいた時から起きてたじゃない」

「ああ、そうだな」

「わからないの？　お義母さんじゃないのよ？　怖くないの？」

「んー、別に起きてることは大したことじゃないんだし、ほっとけばいいって」

こんな調子で、まったく取り合ってくれない。

せめて、カーテンを扉に戻そうと言っても、生返事ばかりでなかなか重い腰をあげてくれない。

最近は、半分だけ開いたカーテンの奥の暗がりから視線を感じるという。

義母のものではない、もっと厭な視線なのだそうだ。

カラオケ店にいるもの　その一

カラオケボックスにまつわる怪談は多い。

これは集めてみての印象なのだが、独立店よりも有名チェーン店のほうが、その手の話が豊富にあるように感じる。

とくに多いと感じる有名カラオケ店があり、仮にBとする。

なぜBには、その手の話が多いのだろうか。

これまでに聞いた怪談の舞台となったBの各店舗を私は可能な範囲でだが調べてみた。

怪談の「素」となった事件や事故が見つかればと期待をしたが、私の取材した怪談との因果関係を見出せそうな情報は見つけられなかった。

立地にも問題があるように思えない。

事件や場所が関係ないのならば、そこがBであることが重要なのかもしれない。

次の話も、Bが舞台である。

黒島さんは専門学生時代、広島のカラオケボックスでバイトをしていた。

バイトで入ったばかりの頃、先輩から聞かされた。

「この店、出るよ」

カラオケ店が入っているのはビルの一階と二階。

二階中央の部屋に出るのだという。

ばかばかしい与太話だと思って聞いていた。こんなにうるさくて明るい場所に幽霊はなかろうと。二階の部屋に出るというだけで他の情報もなく中身がまったくない。

ただ、信じる信じないとは別に、そんな話を聞かされて楽しい気持ちにはなれない。

二階を一人で掃除している時、もし今停電になったらと余計なことを考えてしまう。

バイトをはじめて三カ月が経った頃。

客から内線でこんな注文がきた。

「部屋を替えてほしいんですが……」

二階中央の部屋の利用客からだった。

替えてほしい理由は言ってこない。

苦情という感じでもなかったので、こちらからも理由は聞かずに希望された部屋に案内した。


それからひと月ほどして、また例の部屋の利用客が部屋を替えてほしいといってきた。

今度は理由を聞いた。

「空いてるなら他の部屋がいいんで」

よくわからない理由であった。

先輩の話はまだ信じられなかったが、二階中央の部屋には何かがあるような気はした。


その数日後。

二階中央の部屋を利用していた二人の女性客が、わざわざ受付にまで来て部屋替えを頼んできた。

「あの、なにかありましたか?」

「あの部屋、なんですか?」

女性客の一人が逆にたずねてきた。

苦情ではなく、純粋な疑問のようであった。

「……と言いますと?」

「もう使わない方がいいんじゃないかって。でもそれじゃ商売にならないか」

どういう意味なのだろう。この店にとってよくない部屋だと言っているのか。

こうなってくると、あの部屋が彼女たちにとってどのように不都合であったのかを知りたくなってくる。

「なにか見たんですか?」

バイトの女の子が聞きづらかったことを聞いてくれた。

二人の女性客は顔を見合わせ、

「口で言うより見てもらった方が早いんじゃない?」

「たしかに――じゃあ、店員さんたちも一緒に行ってみます?」

そんな展開になるとは思わなかった。

見せられるものなら見せてほしいという気持ちはあったが、目の前の女性客たちがあまりに堂々と「見せてやる」という態度なので、もしかして本当に今から自分は見てしまうのかと緊張した。

女性客二人とバイトの女の子と黒島さんの四人で、二階中央の部屋へ行った。

先に黒島さんが部屋の中に入ってみたが、とくに変わったところはない。

部屋の角にカラオケの機材とテレビを載せたスチール台がある。

その横の三、四十センチ幅のスペースの壁を女性客の一人が指さす。

「ここです」

その壁から女が見ていたのだと言う。

黒島さんにはただの壁にしか見えない。

「この壁の前に、なにかいたんですか……」

バイトの女の子は顔をこわばらせている。

「壁の前じゃないです。壁の中。中からこんな感じで——私たちのことを見て、ニタニタ笑っていたんです」

女性客はパントマイムのように見えない壁にぺたりぺたりと両手をつけ、顔をぐうっと黒島さんに近づけた。

「歌っていない時は見えなくなるんです。でも歌い始めると出るんです」

「お客さんの歌があんまり上手なんで出てきちゃったとか？」

バイトの女の子のおべんちゃらに、もう一人の女性客は不愉快だという顔をした。

「歌なんて関係ないです。なに言ってるんです？」

そんなわけないでしょう？

だってあれは、

「こんな顔していたんですよ？」

もう一人の女性客も壁の中の女の真似をして見せた。

黒島さんはぞっとした。

女性客たちはまるで、彼女たちこそ壁の中にいた女、その本人であるかのように、ひどいニタニタ笑いを見せてきた。

カラオケ店にいるもの　その二

黒島さんは同じ店で三年働いた。

正社員になるかという話もあって、前向きに考えているところだった。

バイトは黒島さん以外全員入れかわり、「二階中央の部屋」の話を知っているのは黒島さんとBの社員である店長の二人のみだった。その店長もまもなく他の店舗へと移動なので実質、黒島さん一人である。

それに「二階中央の部屋」は怪談というほどの話があるわけでもなく、二階中央の部屋に何かがいるという漠然とした内容の話が先輩らによってバイトたちに広められただけで、「壁の中の女」を見たというのも二人の女性客だけである。

説得力のない怪談なのだ。

黒島さん自身、「二階中央の部屋」の話などすっかり忘れていた。だから、もうこの怪談がこの店のバイトの子たちを脅かすことはない。

はずだった。


その日は荒天だった。

朝から雷と雨がひどく、客足は完全に途絶えた。

黒島さんは入って間もないバイトの女の子と二人きりだった。向こうはずっとスマホを弄っているので話しかけるタイミングもない。

天気はまだまだ悪くなると予報が出ていた。今日はこのまま閉店まで客が一人も来ない予感がしていた。

「さくらさん、二階の掃除をお願いしていい？　もう今日は客来ないよ」

「はい」

返事はしたが、そわそわした様子でなかなか二階へ行こうとしない。

どうしたのと聞くと、

「変なこと頼んでもいいですか？」

横にいてもらうだけでいいので、一緒に二階へ来てほしいという。

一人で二階へ行くのが怖いらしい。

怖いって――まさか。

「だれかに、なにか聞いた？」

「なにかって、なにをですか？」

彼女はなにも知らないようだった。なにも知らないバイトの子にそんなことを急に言われるのは、ちょっと厭だった。


さくらさんの希望で掃除は分担してやらず、二人で同じ場所をやっていった。

見ていると、さくらさんは二階へ着いた途端、急にびくびくしだし、顔もこわばって、本当に二階が怖いのだなとわかる。その怖がり方が妙に引っかかる。

三十分ほどで掃除を終え、二人で一階へ戻ろうという時。

後ろから大きな音がした。

驚いて振り返ると、先ほど清掃道具をしまった部屋の扉が開いている。

中の掃除用具が倒れ込んでドアを押し開けたのか。

そんなに詰め込んではいなかった気がするが。

「大丈夫？」

さくらさんは目に涙をため、床に尻をついている。腰でも抜けたのか、立ち上がろうとして何度も膝をついている。

開け放たれた清掃用具入れの扉の陰、そこが嫌な感じがした。扉の陰から、今にも何かが出てきそうな予感がするのだ。

用具入れの隣が「二階中央の部屋」というのもすごく厭だ。

だが、起きない。

しばらく待っても、なにごとも起きそうにない。

扉を閉めに行こうと動くと、ガッと手を掴まれる。

「さくらさん？」

彼女の目は、黒島さんを見ていない。

その目線の先、数メートル先の床で赤や緑の光が点滅している。

二階は人が通るとセンサーが感知し、足元のライトが光る仕組みになっていた。

センサーはなにを感知しているのか。

ライトは点滅しながら、黒島さんたちのほうへ移動する。

そこになにかがいる。センサーがそう判断しているのだ。

逃げないと、と思っても足が動かない。

まさか、こんなに露骨な怪奇現象を自分が体験することになるとは。

ライトの点滅は、人が歩いてやって来るぐらいの速さで近づいて来る。

そして目の前まで来ると、黒島さんたちの手前で移動を止め、その場で点滅を続けた。

次になにが起きるのかと構えていたが、一分ほどそうしていてもなにも起こらない。

さくらさんがさっきから静かなので、大丈夫かなと見ると笑っている。

ぜぇ、ぜぇと喉を鳴らしながら目をぎょろぎょろさせて笑っているので、目の前にいる見えないなにかよりも、隣にいる入りたてのバイトの女の子に黒島さんは慄《おのの》いた。


この後、救急車が店に来た。黒島さんが呼んだ。

さくらさんは笑っていたのではなく、発作が出て過呼吸になっていた。


こんな目に遭ったから当然、さくらさんはバイトを辞めた。

黒島さんはちょっとホッとしたという。

さくらさんの発作で苦しんでいる顔は、三年前の女性客が見せた「壁の中の女」の真似の笑い顔にひどく似ていたからだ。

すき焼き

将介さんはすき焼きが食べられない。
もう三十年近く食べていないという。
生まれて初めて食べたのは小学生の頃。
それが将介さんの人生で最初で最後のすき焼きだった。
家の夕食に出たらしいのだが、食べた後に吐いたらしい。
らしいというのも、将介さんにその時の記憶がまったくないのである。
そしてそれ以来、実家の食卓にすき焼きがあがることはなかった。

「不思議だったんですよね。苦手な食材はないですし、アレルギーは調べてませんが、すき焼きに入っているような具材は他の料理で出ても問題なく食べられてます。ただ、すき焼きという形になると食べられないんです。すき焼きと名前がついてもダメ。食べた記憶がないんで美味《うま》い不味《まず》いもわかりませんが、まあどんな材料が入ってどんな風に食べるかは知っているんで、味は想像つきますし、美味いんだろうってこともわかるんです。でも僕は絶対に食べてはいけないんです。どうして自分はこんな頑なにすき焼きを食べないんだろうって、自分でもわからないんですけどね」


ある時、親に聞いてみたのだという。

なんでおれ、すき焼き食えないのと。

すると親はこう言ったそうだ。

「実はおまえがすき焼きを食べられない理由を知っているけど、あまりにも厭な話だから言いたくなかったんだ」と。


その日、夕食にすき焼きが出た。

両親にとっては久しぶり。将介さんにとっては初めてのすき焼きだった。

将介さんはその日、初めてこの食べ物を口にした。

よほど美味かったのか、夢中になって食べていた。

今まで見たことがないくらい幸せそうな顔で食べていたという。

そんな幸福な夕食時に、一本の電話がかかってきた。

電話は親族からで、叔母とその幼い娘が「山へ行く」と言って家を出たまま、行方不明になっているとの連絡だった。

叔母は離婚してからノイローゼ気味で、親族から心配されている中での失踪だった。

無理心中をする可能性もあるとして、警察も叔母たちを捜索していた。

将介さんの家は、もうすき焼きどころではなかった。

両親が親族と連絡を取り合う慌ただしい中、将介さんは突然吐いた。

そして、すき焼き鍋をテーブルごとひっくり返してしまった。

しばらくすると将介さんは落ち着きをとりもどし、両親にこう伝えたという。

「すきやきがじゅんこおばちゃんのかおだった」

すき焼きの鍋の中にじゅんこ叔母さんの顔があって怖かったのだという。

じゅんこ叔母さんは行方不明になっている叔母だった。

数日後、行方不明だった叔母とその娘が発見された。
娘は無事に保護されたが、叔母は山中から遺体で見つかった。
野犬や熊の食害により、顔がごっそりなかったという。

神前の舞

宿泊先のバーでマスターから芝さんをご紹介いただいた。

「以前は巫女《みこ》をしていたんですよ」と当時のお姿をスマホで見せていただく。

今は旅先で神社を巡って神楽《かぐら》を舞っているという。祭事に参加するというわけではなく、趣味のような、いたって個人的な理由でやっているのだそうだ。

そういう趣味もあるのかと私は感心した。

興味があるならぜひとのことなので、翌日、同行させていただくことにした。

宿泊先から車で二十分ほど湾岸沿いを行くと高台に神社があった。

芝さんの同行者がスマホで神楽の音声を再生し、動画の撮影をはじめる。

撮影許可を頂き、私もカメラを構える。

芝さんは私服姿で、扇一つでひらりひらりと舞いはじめた。

十分ほどで終わり、芝さんはどうですかと私に聞いてきた。

よかったですと言うと、

「いえ、そうではなくて。あの、何か撮れていたりとか……霊とか……」

「ああ、そういうお話ですか」

昨日の自己紹介で「怪談を書いています」と言ったからだろう。下手な怪談もいくつか披露してしまった。おそらく、私に霊感的なものがあると思われたに違いない。勘違いさせてしまったことを謝罪し、一応、動画も確認してみた。あいにく、そういうものは撮れてはいなかった。

芝さんが私の撮った動画を気にかけていたのには理由がある。

「実は一度だけ、あるんです。不思議な体験が」

ちょうど一年前に、石川県の某社へ舞いに行った時のことだという。

早朝から一人で神楽を舞っていると、隣で一緒に舞うものがある。

それは目には見えないが、気のせいではない。

ぞくっとして手足を止めると、それも止める。

見えないが、動きを止めたことがなぜかわかる。

すぐにその場を離れてもよかったが、中途半端なところで止めていいものかと考える。

考えれば考えるほど、こういう時にこそ途中放棄してはならない気がし、再び神楽を再開した。

するとまた、なにかが芝さんの動きに合わせて隣で舞い出す。

すっ、すっ。

薄く聞こえる衣擦《きぬず》れか、あるいは幼児の呼気のような音が自分の動きに合わせて聞こえる。けっして、自分の発している音ではなかった。

神楽を終え、森閑《しんかん》とした境内にしばらく立ち尽くす。

心が澄みきって、まるで自分が透明になったようだ。

そうか。あれは一緒にいてもいいものだったのだ。

その日の夜遅く、宿泊先の部屋で芝さんは急な寒気に襲われた。

ぞくぞくとして、指先が震える。熱があるわけではない。

嫌な心当たりがある。

日中のことは考えないようにし、疲れが悪い形で出たのだと思うことにした。

早く治そうと布団にもぐるが、布団が濡れているみたいに冷たく感じ、余計にぞくぞくが止まらなくなって眠れない。

この悪寒はおさまる気配がまるでないので、汗をかいて寒気を吹き飛ばそうと露天風呂に行った。

一時間ほど温まって、脱衣所にある長椅子でうつ伏せになって体を伸ばした。

他の入浴客はおらず静かである。目を閉じると強い眠気が襲ってきた。

……みし。

音が聞こえた。

……すー、みし……すー。

みし……すー、みし……。

畳を踏むような音と、足で畳を擦るような音。

脱衣所に畳は敷かれていない。

みし……すー、すー。
なにかの気配があるが、たぶん人ではない。
こわい。
目を開ければそこに、なにがいるのかがわかる。
だが、そこは冷静な判断をした。瞼《まぶた》を開けてはだめだと。
みし……すー、みし……。
すー、みし……すー、みし……。
——やっぱり、そうだ。
聞こえる音は、芝さんの身に沁みついているリズムだった。
神楽を舞っているのだ。芝さんの寝ている長椅子の前で。
あの時、神社で一緒に舞っていたものだろうか。
ついてきてしまったのか。
あれは、一緒に舞ってはいけないものだったのか。
パーン！
芝さんは手を大きく叩いて、「やあっ」と太い声を発した。

テレビで見た、悪いものを追い払う方法だった。ほかに方法を知らなかった。

効果があったのか、気配も奇妙な音も、どちらも消えた。

よかった、いなくなって。

安心して長椅子を立つと膝に力が入らず、くにゃっとなって前に倒れた。

倒れて手をつくタイミングが悪かった。すのこの隙間に指を突っ込み、そのまま頭からいってしまった。引っこ抜いた指は四方八方に向いていた。


「ですから、ここまでしかいかないんです」

芝さんは曲げた指を私に見せた。

後遺症で人差し指が曲げづらくなったのだという。

帰ってもう一度、芝さんの神楽の動画を確認した。

やはり、なにも映ってはいなかった。

ラッパーもムリ

C県中西部に、体育館のような広いスタジオがある。

血が流れているような外観が印象的で、爆発など火を使った過激な演出も可能なので様々な撮影に使われている。

そこで有名ラッパーのプロモーションビデオを撮影することになり、バックで踊るダンサー十人が集められた。ミリカさんもその一人だった。

ロケバスで待機中、ダンサーの女の子の一人が「ここはヤバいですよ」と話し出した。

彼女はこのスタジオは二度目で、前回来た時に地下にあるスタジオを見に行ったのだという。

「そこって撮影でも使うことがあるみたいで、見てみたかったんですけど、途中からウワッ、ムリってなって引き返しちゃったんです。真っ暗でヤバかったですよ」

この彼女の話を聞いて興味を持った者がいた。

前の座席に座っていた今回の撮影の主役であるラッパーだった。

「いいね。行こうよ、そこ」

スタジオは貸し切りなので地下の見学も自由である。

勇気のあるやつは来いよ——ラッパーの声掛けに四人のダンサーが乗っかった。

その中にミリカさんもいた。この話をした女の子は同行しなかった。


この日は地下のスタジオの撮影はなかった。

そのため、地下へ続く階段の先は真っ暗だった。

ラッパーを先頭にぞろぞろと階段を下りていく。

階段の途中まで照明はあるがなんとも頼りない光で、その先の地下は頼りない照明さえもなく、そこから世界が終わっているような暗さだった。

勢いでついてきてはみたものの、ミリカさんは暗所・閉所があまり得意ではない。パニックにならないかと心配になってきた。

「はーい、いまそっちにいきまーす」

地下スタジオのほうから男性の声が聞こえてきた。

その声にダンサーたちの緊張がやわらいだ。

明らかにスタッフのトーンだ。駆け上がってくる足音がする。

狭い階段なのでみんないったん立ち止まって道をあけ、スタッフが上がってくるのを待った。だが、一向に上がってこず、そのうち足音も止んだ。

「なに今日、地下でも撮んのかな？　おーい」

下をのぞき込みながらラッパーが下りていく。


少し遅れてダンサーたちもついていく。

するとラッパーが引き返してきた。

「だめだめ、もどろ」

平静を装っていたが、顔が引きつっていた。

下りて行くと真っ暗で何も見えず、こんなところにスタッフがいるわけがないという。

その言葉にダンサーの子たちは震え上がり、地下見学は断念、走ってロケバスに戻った。

ミリカさんはすぐにスマホでスタジオについて調べてみた。

「うっそ」

スタジオのあった場所はもともと病院があり、しばらく廃墟として残っていた場所をスタジオにしていたことが判明した。

「待ってよ。病院の地下って……じゃあ、地下スタジオって元は……霊安室?」

地下から聞こえてきた男の言葉を思い出し、あれ以上、下りなくて本当によかったと心から思ったという。

※

このスタジオについて私も調べてみた。
確かにスタジオのある場所に病院はあったらしいが、このスタジオは廃病院を丸ごとスタジオにしたわけではなく、病院「も」入っていた複合施設の廃墟をスタジオにした
——そんな情報が出てきた。
ミリカさんたちが下りようとした地下も霊安室ではなく、クラブや麻雀店が入っていたそうだ。

糸縛り

京都のタクシー運転手から聞いた話である。

「寝ようと布団に入りますとね、感覚で五分、十分くらいですかね。首以外の体が動かなくなるんですよ。そうですよ、金縛り。もうなれたもんです。若いころから頻繁にありますから。それからすぐ、ふわ〜ふわ〜って浮かんでいく感覚があるんです。首をこう、動かしてね、下を見るじゃないですか。寝ている自分がいるんです」

幽体離脱タイプの金縛りである。

この現象自体はそれほど珍しいケースではない。

だが、この方は大変まれなケースも体験している。

三十代のころ。
寝ようと布団に入るとすぐ、身体が固まったように動かなくなった。
まもなく浮遊感があり、ゆっくりゆっくり、上に向かって浮かんでいく。
(ああ、またいつものヤツか)
いつもは天井付近まで上がるのだが、その夜は違った。
天井がない。
天井があるはずのところには、真っ暗な穴がどこまでも続いている。
その穴の向こうへ、絶対に行ってはいけないと感じる。
穴の向こうに行けば、きっと帰ってこれない。
抵抗したくとも身体が動かない。
やだやだ、行きたくない、行きたくない、行きたくない!
ぴたり。
上昇が止まる。
その位置で、ずっと停止している。
「ほっとしましてね。で、よく見ると、自分の身体に何十本もの黒い糸がついているんです。その黒い糸みたいなものが下から伸びていて、自分に繋がっているんですよ」

アドバルーンみたいに、その黒い糸の長さの分だけ浮いている。その糸と繋がっているおかげで、暗い穴に吸い込まれずに済んだのである。

「その糸って、下で寝ている自分の本体から伸びているんですか？」

「いえ、それが違うんです」

糸は隣の部屋から伸びていて、長押にひっかかっていたという。

隣の部屋のどのあたりから糸が出ているのかは見えない。というより、隣を見ようという気にもならない。それよりも、この糸が切れたら、もう戻ってこられないという怖さがある。

「――どうやって戻ったかは覚えていないんです。二度目は五十代のころでした」

金縛り体験自体は、一度目とまったく同じである。

天井がない。真っ暗な穴が上にあり、そこに向かって上昇していくが、ぴたりと止まる。

体は無数の糸でつながっていて、そのおかげでそれ以上は上に行かない。

ただ、この時の糸は黒くない。

白い糸である。

「次は何色の糸か楽しみにしている自分がいます。天井の穴は怖いんですが、糸で繋がっている安心感といいますか、スリリングでわりと楽しい体験なんですよ。これは予感なんですが、そろそろ三度目が来るような気がして。今夜あたり、来ないかなって」

タクシーを降りてから、しばらくして私は思った。

その糸は髪の毛なのではないか。

体験者の年齢におうじて変わっていって。黒髪から白髪に変わって——。

もしそうであるなら、次の糸の色はなんだろう。

髪の毛は、いずれ抜け落ちる。

もしそうなって、自分を繋ぎとめる糸がなくなれば。

私は運転手のことが急に心配になった。

撮れたもの

このたびのコロナ禍により外出を自粛していた折、知人からショートメールが入った。

『当方の取り越し苦労ならよいですが』

この一文から始まる短いメッセージは、たった今奇妙なものを見たという報告であった。

しかも、防犯用のカメラにも撮れているとのこと。

このような話に映像証拠が出ることはめったにない。

報告が撮影時期から近ければ近いほどよいと判断し、急遽、本書にこの話を挿し込むことにした次第である。


知人の経営する会社の事務所内でのこと。

新型コロナの影響で全業務を停止していたが、溜まっていた事務仕事を消化できるいい機会だと一人会社に来て書類作業をしていた。

一時間ほど仕事をして、一息つこうとコーヒーを淹れてテレビをつける。

その時にデスクの角にぶつかって山積みの要確認書類がバランスを崩し、机上で大雪崩《なだれ》を起こした。雪崩を止めようと慌てて手を伸ばすと、そこからすべての音がなくなった。

書類が机から落ちる音、報道番組の音声、すべての音がこの世から消えた。

知人は身の危険を感じ、椅子に座った。

すると向かって左手の壁から、赤い光が現れた。

それは、すうっと事務所の真ん中を通っていき、向かいの壁に吸い込まれた。

その間、わずか数秒。

呆然と赤い玉の消えた壁を見ていると、すべての音が戻ってきた。

防犯用に設置しているカメラを確認すると、壁から現れて壁に消える赤い光がしっかり映っている。

日中の明るい照明の中で見る赤い光は異様であった。
見れば見るほど厭なものに思える。
ただの赤い光の玉が、なぜこんなに不快なのだろう。
繰り返し、再生して見るうちに、厭な理由がわかった。
赤い光が、成人の頭部と同じくらいのサイズだからだ。
人の頭部と同じ大きさのものが事務所の中を通り過ぎるのは厭である。
赤には警告の意味もある。
これはもしかして……すごくよくない映像なのではないか。
そうだ、彼に連絡してみよう。
——そして、私にショートメールが送られてきたという次第だ。

動画を見せてもらうことになったが、録画映像をショートメールで送る方法がわからないとのこと。後日、別の方法で送っていただくことになった。

それからしばらく連絡はなく、十二日後の午前六時十二分。ショートメールが届く。

要件は映像のことではなく、入院をしたという報告であった。前回の私とのやりとりの後、まもなく下血したのだという。本稿を執筆している今現在も知人は入院中である。後に進展があれば、別の機会に記すつもりである。

未知夢

健人さんは自宅で転倒し、近くにあった座椅子に後頭部を強打した。座椅子のフレームの金属パイプが盆《ぼん》の窪《くぼ》へまともに入り、味わったことのない痛みに、しばらく身動きが取れなくなった。

うずくまったままそっと後頭部に触れた。

出血はないが前よりへこんでいる気がして恐ろしい。

骨にひびが入っていてもおかしくない痛みだ。脳は平気だろうか。

「下手に動くと死ぬと思って、じっとしたまま動かなかったんです」

母親も兄弟も出かけていて留守である。スマホは三階の自分の部屋。取りに行くのは無理だった。

この危機的状況をだれにも伝えることができない焦りと苛立ち、このまま死ぬかもしれないという不安と恐怖。こわい、こわい、こわい、自然に声に出していた。

自宅の電話が鳴った。

家族からなら救いの電話だが、この時間帯に家にかけてくるのはセールスの電話の可能性が高い。動けば死ぬかもしれないこの状況、電話を取るべきか、取らぬべきか、この選択が運命の分かれ道だと真剣に考えた。

一分、二分と経ってもまだ電話は鳴り続けている。

家族からかもしれない。

なんとか這っていって受話器を取った。

「大丈夫か?」

父親だった。

今の状況を話すと、父親は仕事を早引きして帰ってきてくれた。

その後、病院で検査を受けると軽い打撲と診断された。後頭部はへこんでいなかった。

「電話は何の用だったの?」

落ち着いてから健人さんは聞いた。

電話に出て聞いた第一声が「大丈夫か?」だった。それが気になったのだ。

父親は言いづらそうに答える。

「夢だよ」

仕事中、急に眠くなって半分夢を見ているような状態に陥った。

職場にいながら自宅にもいるような不思議な感覚になり、健人さんのことを考えると、うずくまっている健人さんの姿が見えた。健人さんは怪我をしており、まったく動かない。そんな夢を見たので心配になって電話をかけたという。

「それ予知夢じゃん」

「そんなたいしたもんじゃない。ただの虫のしらせだよ。でもおれのそういうのは、なぜだかよく当たるんだよな……」

父親は複雑な表情をしていた。


その晩。

「ちょっといいか」

就寝前に父親に呼ばれた。

大事な話があるから聞いてほしいという。

「やっぱり言っておいたほうがいいと思ってな」

「なに、あらたまって」

「本当はもっと違うものを見た。いやたぶん、五年か十年先だけど」

予知夢の話である。

父親は幾度か言い淀んで、スマンと小声で言ってから告げた。

「おまえの頭、つぶれてたわ」

「あんな感じの親父は見たことないんで、前にもこういうことがあったのかもなって。本人も『よく当たる』って言ってましたし。けっこう怖いですよ」

予知から間もなく、五年が経とうとしている。

とおせん棒

私は「ザア」というものについて調べている。

沖縄県宮古島地方に伝わる怪異である。

男に強い愛憎を持つ女が呪詛《じゅそ》をかける目的でおこなう禁断の方法であり、その方法によって変貌した女性のことを指す名称でもある。丑《うし》の刻《こく》参りに似たものだ。

次の話はカンカカリャ（宮古島で霊能力を持つ者のこと）の方からお聞きした「ザア」の一種と思われる話で、現在、相談を受けている建設業・三十代男性の体験である。

男性の働いていた現場から自宅までの道に、廃《すた》れた一軒の建物があった。

廃墟であるが、廃墟というほど建物の痕跡はなく、扉も窓も門もない。

ただコンクリの外郭だけが残った箱が、ボオボオの草むらの中にポツンとある。

元は喫茶店だったらしいが詳細は不明である。

その建物の前を通る時は、いつもなぜか嫌な感じがした。

廃墟の中にはたまに線香を焚いた跡や、なにかを燃やした痕跡があり、それも不気味であった。

だから廃墟の前は足早に通り過ぎているが、それができなかった時がある。

その日。

男性は仕事を終えて帰途についていた。時刻は二十二時をすぎていた。

いつもの廃墟の前に差し掛かろうという時、男性は足を止めた。

廃墟の中がぼんやりと明るいからである。

注意深くうかがったが、そこからでは廃墟の側面しか見えず、中の様子はわからない。

若者たちが中でたむろっているのか。いやだ、いやだ。絡まれてはたまらない。

道を変えようと踵《きびす》を返した。

すると、廃墟から人が出てくる気配があったので振り返ると、道に女性が立っている。

服を着ているようには見えず、股間のあたりがなぜか鈍い光を放っている。

両手には一メートル半ほどの棒を持っており、それを横にして道を塞ぐようにしていた。

顔をよく見ると知っている女性によく似ている。

勤め先の元事務員で四十代後半。暴言や奇行が目立ち、他の社員とのトラブルが絶えなかったので解雇されていた。

男性は何度も食事に誘われており、明らかに好意を持たれていたが、きっぱりと断っていた。

「やめなさい、やめなさいよ」

男性は女性を説得したが反応はない。

しばらく女性とにらみ合うようにしていたが、急に恐ろしくなって、男性はその場を走り去った。

その後、男性は原因不明の体調不良が続き、病院の検査で深刻な病が見つかった。

あの女に呪われたのだと男性はたいへん怯えていたという。

顔色

数年前にスナックで知り合った男から顔色が悪いよと言われた。

「真っ白で死人みたい。飲みすぎない方がいいよ」

飯塚さんはそこまで飲むほうではない。どちらかといえば飲めないほうだ。この日は出張先で夜の時間を持て余していたので、たまたま目に入った店に入っただけであった。

「顔色がダメだよ。余命一年ってとこだね。すぐ病院へ行きなよ」

店を出る間際まで、男はしつこく顔色のことを言ってきた。

そこまで言われると気にはなるのでホテルに帰ってから鏡を見たが、ほんのりと頬が赤らんでいるだけでいつもと変わらない。

名前も知らない酔っ払いの戯言である。一瞬でも真に受けた自分に苦笑しベッドに入った。

それから約一年後のある早朝。

日課のマラソンを終えて帰宅した直後、見知らぬ人が訪ねてきた。よれよれのジャケットを着た、冴えない風体の男である。

死んだ魚の腹のように真っ白な顔だった。

用件を聞くと早口で答えるのだが、消え入りそうなほど声が細く、言っていることがまるでわからない。

「人違いだと思いますからお帰りください」

ドアを閉めようとすると、待ってくださいと手を挟んで閉めさせない。警察を呼びますよと語気を強めると、何年か前にスナックで会った○○ですと名乗った。

初めて聞く名だが、スナックと聞いてピンときた。

「あ。あーっ、盛岡の」

「そう、凛子ママのお店、こんなおじさん、いたでしょ」と自分を指さす。

さすがにママの名前や男の顔までは覚えていないが、確かにこんな感じの男と飲んだ気がする。顔色のことをしつこく言ってきた男だ。

どうして家がわかったのかと聞くと、さっき道で見かけて追いかけてきたんだと平然と答える。

なんにしても不審人物であることには変わらない。早めに切り上げようと改めて用件を尋ねると「お仕事続けてますか」「あれからどうですか」と逆に質問で返してくる。

どうにも気味が悪い。一刻も早くお帰り願いたい。しかし、家を知られているので邪険にも扱えない。

男の質問に答えあぐねていると、「それで顔色のことなんですけど」と、男は唐突に声のトーンを落とした。

あの時に言ったことは全部誤りだったんですと謝罪された。

変に不安を煽るような形になってしまって申し訳ない、あれからずっと謝罪をしたかったんです、と。

どういうことですかと質問を重ねる。

「あの時に私が見た顔、あれ、あなたではなかったんです。私が見たの、どうも数年後の自分の顔だったみたいで。ええ、そういうのが見えちゃうんですよ、私」

私ね、ガンなんですって、末期の。

それだけ言い残し、男は立ち去った。